Ich sehe dich nicht

Andrea Lange-Weihs

Ich sehe dich nicht

Narzissten erkennen, verstehen und sich befreien

Andrea Lange-Weihs
Blomberg, Deutschland

ISBN 978-3-662-73754-5 ISBN 978-3-662-73755-2 (eBook)
https://doi.org/10.1007/978-3-662-73755-2

Die Deutsche Nationalbibliothek verzeichnet diese Publikation in der Deutschen Nationalbibliografie; detaillierte bibliografische Daten sind im Internet über https://portal.dnb.de abrufbar.

Planung/Lektorat: Heiko Sawczuk
Springer ist ein Imprint der eingetragenen Gesellschaft Springer-Verlag GmbH, DE und ist ein Teil von Springer Nature.
Die Anschrift der Gesellschaft ist: Heidelberger Platz 3, 14197 Berlin, Germany

Wenn Sie dieses Produkt entsorgen, geben Sie das Papier bitte zum Recycling.

Geleitwort

Im Sommer 2024 hatte ich das Vergnügen, Andrea Lange-Weihs kennenzulernen. Sie hielt an unserer Klinik einen eindrucksvollen Vortrag über bedarfsorientierte Trans-Begleittherapie und stellte einige ihrer Kunstwerke aus, die sowohl bei den Mitarbeitenden als auch bei den Besucherinnen und Besuchern auf großes Interesse stießen. Andrea zeigte reges Interesse an meiner klinischen Arbeit als psychoanalytische Kunsttherapeutin auf der offenen Therapiestation für Jugendliche in der Klinik für Kinder- und Jugendpsychiatrie in Bad Salzuflen. Daraus entstand eine Einladung zur Hospitation, die den Beginn eines fruchtbaren Austauschs über kunsttherapeutische Methoden, Diagnostik und insbesondere die Bedeutung von Narzissmus bei psychischen Erkrankungen im Kindes- und Jugendalter markierte.

In der klinischen Praxis begegnen uns Jugendliche mit pathologisch narzisstischen Persönlichkeitsmerkmalen, die aufgrund suizidaler Krisen und Alltagsdysfunktionalität – etwa durch Schulabsentismus, soziale Phobien, Ängste oder Essstörungen – in Behandlung kommen. „Die Diagnose der narzisstischen Persönlichkeitsstörung wird im Jugendalter oft sehr zurückhaltend gestellt und ist bislang wenig beforscht. Dabei könnte eine frühzeitige und spezifische Behandlung ungünstigen Verläufen und einer Chronifizierung schwerwiegender Probleme vorbeugen“ (Zitat aus Praxis der Kinderpsychologie und Kinderpsychiatrie, 72 (7), 605–624, 2023).

In der Kunsttherapie geht es darum, die emotionalen und psychologischen Hintergründe zu verstehen. Narzissmus kann sich oft als Schutzmechanismus entwickeln, der hinter einem Mangel an Selbstwertgefühl oder einer tiefen Unsicherheit steckt. Die Kunsttherapie bietet eine Möglichkeit, mit diesen inneren Konflikten auf kreative Weise umzugehen, ohne dass die Diagnose zu einem stigmatisierenden Etikett wird. Der therapeutische Raum kann helfen, die Balance zwischen Selbstwert und der Wahrnehmung anderer zu erforschen. Wie ein junger Mensch mit Materialien, Werkzeugen und dem Bild oder der Gestaltung umgeht, kann viel Aufschluss geben. Ein exzessives Feilen an Details oder ein übermäßiges Bearbeiten eines einzigen Bildes kann auf Perfektionismus oder eine Fixierung auf das eigene Bild hindeuten. Was der/die Jugendliche über seine/ihre Werke sagt, ist ebenso wichtig. Eine starke Betonung auf der „Einzigartigkeit" des Werkes oder der Glaube, dass das Kunstwerk etwas „Besonderes" darstellt, könnte narzisstische Tendenzen widerspiegeln.

Der Begriff „Narzissmus" wird häufig mit Schlagzeilen, Vorurteilen und schnellen Urteilen assoziiert. Doch hinter diesem Begriff stehen Menschen mit eigenen Geschichten, Verletzungen, Sehnsüchten und oftmals tiefem Leid. Dieses Buch möchte daher nicht nur aufklären, sondern vor allem das Verständnis für Narzissmus und seine vielschichtigen Erscheinungsformen fördern. Es will nicht bloß Symptome benennen, sondern Brücken schlagen – zwischen Betroffenen, Angehörigen und all jenen, die in ihrem privaten oder beruflichen Umfeld mit narzisstischen Dynamiken konfrontiert sind.

Narzissmus wird in diesem Werk nicht als festes Etikett, sondern als Spektrum menschlicher Erfahrungen betrachtet. Er kann in den unterschiedlichsten Kontexten auftreten – sei es in Mobbingstrukturen, religiösen Gemeinschaften, innerhalb von Familien, Partnerschaften oder am Arbeitsplatz. Dabei geht es nicht um Schuldzuweisungen, sondern um das Erkennen von Mustern, die Macht, Kontrolle oder Bewunderung über das zwischenmenschliche Miteinander stellen. Es geht darum, diesen Mustern zu begegnen, ohne sich selbst zu verlieren.

Dieses Buch soll Ihnen nicht nur Wissen vermitteln, sondern vor allem Mut machen – Mut, Grenzen zu setzen, Mut, sich selbst wiederzufinden, und Mut, die eigene Geschichte neu zu schreiben. Es ist ein Ratgeber, der nicht nur informativ und spannend ist, sondern auch kreative Ideen und praxisorientierte Methoden enthält, die im Umgang mit narzisstischen Dynamiken hilfreich sein können. Mögen die folgenden Seiten Ihnen Orientierung, Verständnis und Hoffnung schenken – und vielleicht auch den ersten Schritt zu einem Leben ermöglichen, in dem Sie wieder selbst im Mittelpunkt Ihrer eigenen Geschichte stehen.

Christiane Rappolt
Psychoanalytische Kunsttherapeutin (DFKGT)

Vorwort

Liebe Leserin, lieber Leser, ich bin Andrea Lange-Weihs, Heilpraktikerin für Psychotherapie mit dem Schwerpunkt Trauma und Achtsamkeit und heute möchte ich dir ein Buch vorstellen, das mir ganz besonders am Herzen liegt.

„Ich sehe dich nicht – Narzissten erkennen, verstehen und sich befreien".

Vielleicht hast du diesen Satz auch schon einmal gefühlt, ganz tief in dir. Vielleicht kennst du das Gefühl, in einer Beziehung nicht wirklich gesehen zu werden. Nicht gehört, nicht ernst genommen, nicht gewürdigt. Du gibst, du bemühst dich, du zweifelst an dir und am Ende bleibst du leer zurück.

In meinem Buch geht es genau um diese Erfahrungen. Es geht um Beziehungen, in denen eine Seite dauerhaft dominiert, manipuliert oder subtil kontrolliert und die andere Seite sich selbst immer mehr verliert. Ob in der Partnerschaft, in der Familie, am Arbeitsplatz oder sogar online. Narzisstische Strukturen durchziehen viele Lebensbereiche, oft unbemerkt, oft verharmlost.

Als Therapeutin mit dem Schwerpunkt Trauma und Achtsamkeit begleite ich seit vielen Jahren Menschen, die in solchen Dynamiken feststecken, oder sich gerade daraus befreien. Mein Buch ist deshalb nicht nur ein Ratgeber, sondern auch ein stiller Begleiter, ein Kompass, eine Ermutigung, dich selbst zu finden und zu sehen, wo du gerade stehst.

Ich erzähle dir hier etwas über Menschen: die „scheinbar Empathischen, die charmanten Strahlemenschen, die aggressiven Manipulatoren". Ich spreche über narzisstische Mütter, über das stille Leid von Kindern, über emotionale Abhängigkeit und über den oft langen Weg zurück zur eigenen Identität.

Aber vor allem zeige ich dir Wege, wie du dich innerlich befreien kannst. Wie du beginnst, dich selbst wieder zu fühlen. Wie du Schritt für Schritt aus der Ohnmacht kommen kannst, in die Selbstwirksamkeit. Du findest in diesem Buch keine vorschnellen Lösungen. Aber du findest spannende und tiefe Einsichten, fundiertes Wissen, Impulse, Reflexionsfragen, Achtsamkeits- und Schreibübungen und sanfte, stärkende Worte.

„Ich sehe dich nicht“ ist ein Satz voller Schmerz, aber auch der Beginn einer neuen Wahrheit, denn in dem Moment, in dem du erkennst, dass du nicht gesehen wirst, beginnt ein Prozess. Der Prozess, dich selbst wieder wahrzunehmen. Dich selbst wieder zu spüren und dich aus alten Verstrickungen zu lösen. Dieses Buch ist eine Einladung zur Selbstachtung, zur Klarheit und möglicherweise zur Heilung.

Blomberg, Deutschland — Andrea Lange-Weihs

Einleitung „Narzissmus – Ich sehe dich nicht"

Es beginnt selten laut. Nicht mit einem großen Knall, sondern mit kleinen Irritationen, feinen Brüchen in Gesprächen, subtilen Abwertungen, die man sich selbst schönredet. Mit diesem Gefühl, sich erklären zu müssen, ohne zu wissen wofür. Oder mit dem leisen Zweifel: *„Warum fühle ich mich leer, falsch, müde, obwohl doch eigentlich alles gut sein müsste?"*

Meist nimmst du das Thema erst wahr, wenn du dich selbst in dieser Spirale befindest, oder du spürst, etwas ist nicht richtig. Vielleicht hat dir auch schon jemand gesagt, dass du in einer toxischen Beziehung oder Familie bist. Viele Menschen, die in narzisstischen Beziehungssystemen leben, verlieren über die Zeit den Kontakt zu sich selbst. Sie passen sich an, entschuldigen sich, tragen Verantwortung, die nicht ihre ist. Sie lernen, eigene Bedürfnisse zu übergehen, Emotionen herunterzuschlucken und sich klein zu machen, um den Frieden zu wahren. Oft wissen sie nicht einmal, dass sie sich in einer narzisstischen Dynamik befinden. Dabei geht es nicht einmal darum, Narzissmus zu pathologisieren, bis der innere Zusammenbruch kommt. Der Moment, in dem sie spüren, dass etwas Grundlegendes nicht mehr stimmt.

Als Heilpraktikerin für Psychotherapie mit den Schwerpunkten Trauma, Achtsamkeit und der Begleitung nach narzisstischen Beziehungen habe ich in meiner Praxis unzählige Geschichten gehört, die alle eines gemeinsam haben: Sie beginnen mit Verwirrung und enden mit einem tiefen Wunsch nach Klarheit, Selbstwert und innerer Freiheit. Ich selbst erlebte Narzissmus innerhalb des Systems und lernte als Kind, meine eigenen Strategien zu leben. Vielleicht hat mich das auch zu einem Menschen gemacht, der heute über seine Sensibilität und Wahrnehmung eine andere Betrachtungsweise auf das Thema hat. Viele Jahre war mir das nicht bewusst und mit den Tagen der Selbstreflexion durchschaute ich die Netze der Wahrheit. Heute betrachte ich unser Familiensystem aus einer anderen Perspektive und ich habe gelernt, mein eigenes Ich nicht manipulieren zu lassen. Ich bin stark, eine eigene Persönlichkeit mit der Leidenschaft, die Themen der Psychologie, den Menschen und sein Gehirn verstehen zu wollen. Niemand ist zu alt, um aus dem System auszusteigen und für sich selbst zu bestimmen: „Ich bin es mir wert, gesehen zu werden!"

Narzissmus ist also kein Begriff für reines Ego-Verhalten. Es ist ein Beziehungssystem, das Menschen verletzt, destabilisiert und emotional erschöpft – oft über Jahre hinweg. Es ist ein System, das wir erst durchschauen können, wenn wir verstehen, wie es psychologisch funktioniert.

Vielleicht bist du müde, vielleicht aber auch verwirrt, vielleicht voller Fragen, Zweifel oder Schmerz. Vielleicht stehst du am Anfang deiner Erkenntnis oder schon mitten in einem schmerzhaften Prozess, ganz gleich, wo du gerade bist.

Denn Narzissmus bedeutet: *„Ich sehe dich nicht."* Dieser Ratgeber bedeutet aber: „Ich sehe dich wieder." In dem ersten Kapitel wirst du dich mit dem Thema der Erkenntnis auseinander setzen. Dabei geht es nicht darum, nach Diagnosen zu suchen, sondern vielmehr über empathische Wahrnehmung zu dir selbst zu finden, zu schauen, wo du dich selbst befindest. Denn immerhin hast du dich für dieses Buch entschieden, weil du dich mit dem Thema Narzissmus auseinandersetzen willst. Vielleicht möchtest du dich aber auch aus den Netzen befreien. Hier wirst du gesehen, du wirst wahrgenommen und du findest dein Gefühl in dir selbst: du und das Thema Narzissmus. Vielleicht ist dieser Ratgeber mehr als ein Ratgeber. Vielleicht ist dieser Ratgeber der erste Schritt zu dir selbst, ein Wegbereiter, eine Begleitung, ein erster Schritt, um aus der Machtlosigkeit auszubrechen. Ich bin mir sicher, du bist stark und hast dein Inneres Kind gesehen, um selbst zu entscheiden … wir gehen diesen Weg gemeinsam!

Toxische Menschen aus dem eigenen Leben zu eliminieren,

bedeutet nicht, sie zu hassen, es bedeutet, Respekt vor sich selbst zu haben.

(Unbekannt)

Interessenkonflikt Der/die Autor:in hat keine relevanten Interessenskonflikte im Zusammenhang mit dieser Publikation.

Inhaltsverzeichnis

1

„Ich sehe dich nicht, aber ich verliere mich dabei"

Wie sich eine narzisstische Beziehung wirklich anfühlt

Ein kurzer, verständlicher Einstieg in das Thema Narzissmus mit Checklisten zur Selbsteinschätzung.

Was ist Narzissmus wirklich?

Ein erster Überblick und Selbsttests zur Orientierung

Narzissmus ist ein Begriff, der immer häufiger in Alltagsgesprächen auftaucht, sei es privat, auf der Arbeit oder auch online. Immer wieder begegnet dir das Wort „Narzissmus". Doch was genau verbirgt sich dahinter? Ist es bloße Eitelkeit? Ein Mangel an Empathie? Oder steckt eine tieferliegende Persönlichkeitsstruktur dahinter? Eine Menge Fragen, die du dir stellen kannst, immer mit dem Gefühl, wo begegnet mir gerade dieses Thema. Denn mein Gefühl zeigt mir: Ich fühle mich ausgezehrt, ausgenutzt, müde und belastet. Egal was du tust, es ist immer ein Gefühl von: „Ich mache alles falsch, ich mache es niemanden recht."

In diesem Kapitel erhältst du einen ersten Überblick über narzisstisches Verhalten, seine Merkmale und Wirkungen. Du bekommst außerdem zwei Checklisten an die Hand, mit denen du einschätzen kannst, ob du selbst im Kontakt mit einer narzisstischen Person stehst und wie sich das auf dein Leben auswirken kann.

A. Lange-Weihs, *Ich sehe dich nicht*, https://doi.org/10.1007/978-3-662-73755-2_1

Was ist Narzissmus?

Der Begriff stammt aus der griechischen Mythologie. Narziss verliebte sich in sein eigenes Spiegelbild. In der Psychologie beschreibt Narzissmus jedoch nicht Selbstliebe, sondern ein tiefgreifendes Ungleichgewicht zwischen überhöhtem Selbstbild und innerer Unsicherheit. Also ein Konstrukt aus tiefer Selbstüberschätzung, Suche nach ewiger Bewunderung und Überempfindlichkeit gegenüber Kritik.

Es gibt zwei zentrale Formen:

- **Gesunder Narzissmus**: Ein stabiles Selbstwertgefühl, die Fähigkeit zur Selbstbehauptung, klare Grenzen
- **Pathologischer Narzissmus**: Ein fragiles Selbst, das durch Überheblichkeit, Entwertung anderer, fehlende Empathie und emotionale Manipulation geschützt wird

Die narzisstische Persönlichkeitsstörung ist eine tiefgreifende und oft leidvolle psychische Struktur. Aber auch Menschen ohne klinische Diagnose können narzisstische Verhaltensmuster in Partnerschaft, Familie, Beruf, unter sozialen Kontakten, selbst im Internet zeigen.

„Ich sehe dich nicht, aber ich verliere mich dabei"

Wie sich eine narzisstische Beziehung wirklich anfühlt

Du bist voller Hoffnung, du gibst dein Bestes, du gibst alles, du willst Nähe und vor allem willst du geliebt werden. Doch am Ende fühlst du dich leer, verwirrt, abgelehnt, obwohl du „nichts falsch gemacht hast". Vielleicht kennst du dieses Gefühl und vielleicht hast du es zu oft erlebt.

Wenn Liebe zur Unsicherheit wird

Eine narzisstische Beziehung ist selten von Anfang an zerstörerisch, ganz im Gegenteil. Zu Beginn erscheint alles fast magisch, toll, wunderbar. Du wirst bewundert, gebraucht, vielleicht sogar idealisiert. Du denkst: *„Endlich werde ich gesehen, endlich bin ich es wert."*

Doch langsam und manchmal schleichend, oder manchmal mit einem Schlag, beginnt etwas zu kippen. Du weißt noch nicht genau was, aber du spürst, da ist mehr. Plötzlich wirst du kritisiert für das, was vorher geliebt wurde. Du sollst dich ändern, anpassen, entschuldigen für Dinge, die nicht deine Schuld sind. Du versuchst, zu retten, was ihr einmal hattet. Du strengst dich noch mehr an. Gibst noch mehr und verlierst dich dabei selbst.

Es ist nicht „nur" eine schwierige Beziehung

Viele Betroffene erkennen lange nicht, dass sie in einer narzisstisch geprägten Verbindung leben. Warum? Weil sie gelernt haben, zu verstehen, zu verzeihen, sich selbst infrage zu stellen. Weil sie nicht gelernt haben, dass sie auch Grenzen setzen dürfen. Weil die Abwertung subtil beginnt, wie ein gehässiger Blick, ein ironischer Kommentar, das entwertende Schweigen oder Nichtbeachtung, manchmal tagelang kein Wort. In einer narzisstischen Beziehung geht es nicht um Gleichwertigkeit. Es geht um Macht und Kontrolle und um das Aufrechterhalten eines Selbstbildes, selbstverständlich auf deine Kosten.

Gaslighting, Schuldumkehr, emotionale Abhängigkeit

Du sagst, etwas hat dich verletzt und hörst: *„Das hast du dir nur eingebildet."*

Du weinst und man nennt dich *„zu empfindlich"*.

Du ziehst dich zurück und wirst *„kalt und herzlos"* genannt.

Deine Realität wird verzerrt und irgendwann zweifelst du an dir selbst.

Dies ist keine normale Beziehungskrise. Es ist psychische Gewalt, emotional, schleichend und tiefgreifend.

„Ich war nur noch damit beschäftigt, nicht zu stören."

So beschreiben viele Menschen ihre Rolle in einer narzisstischen Beziehung. Sie passen sich an, machen sich klein, oder funktionieren nur noch. Manchmal bleibt nur eine leise Stimme im Inneren: *„Irgendetwas stimmt nicht, aber ich weiß nicht mehr, was."* Wenn du diese Stimme kennst, dann ist dieses Buch für dich vielleicht das Richtige.

Dieses Buch kann dir helfen, zu verstehen, was Narzissmus wirklich ist, zu erkennen, wie du in solche Dynamiken geraten konntest, die Knoten zu lösen, ohne Schuld, ohne Hass, dich wieder zu spüren, zu schützen und zu heilen. Du wirst dein inneres Licht nicht wiederfinden müssen, denn es war nie weg. Es wurde nur überdeckt, von Schmerz, von Schuld und von Scham. Du kannst deine Kraft wieder freilegen, Schritt für Schritt. Dieses Buch beginnt dort, wo du dich verloren hast und endet dort, wo du dir selbst wieder begegnest.

Anteil an Personen mit narzisstischer Persönlichkeitsstörung

Wie hoch ist der Anteil an Personen mit narzisstischer Persönlichkeitsstörung in Deutschland, Europa, weltweit? Wie hoch sind die Dunkelziffern und wie hoch ist der Anteil von Menschen mit narzisstischen Eigenschaften?

Es folgt ein Überblick zu den Prävalenzzahlen und Schätzungen für narzisstische Persönlichkeitsstörung (NPS) sowie narzisstische Eigenschaften. Prävalenz narzisstische Persönlichkeitsstörung (NPS):

Deutschland: Konkrete nationale Zahlen liegen nicht umfassend vor, aber es wird angenommen, dass etwa **1–2 %** der Bevölkerung eine narzisstische Persönlichkeitsstörung aufweisen (Fiedler & Herpertz, 2020).

Europa: Studien aus Europa schätzen die Prävalenz von NPS ähnlich, meist zwischen **0,5 % und 2 % (Fiedler & Herpertz, 2020)**.

Weltweit: Internationale Studien (z. B. DSM-5-basierte) gehen von etwa **0,5 % bis 6 %** der Bevölkerung aus, mit Schwankungen je nach Untersuchungsmethode und Kultur (American Psychiatric Association, 2013). Der oft genannte Richtwert liegt bei etwa **1 % (World Health Organization, 2022)**.

Die Dunkelziffer ist wahrscheinlich **hoch**, da Betroffene meist keine Behandlung suchen und Narzissmus in vielen Fällen schwer erkennbar oder falsch diagnostiziert wird.

Studien gehen davon aus, dass die tatsächliche Zahl der Betroffenen **deutlich höher** sein kann, möglicherweise bis zu **3–5 % (World Health Organization, 2022)**.

Der Anteil an Menschen mit narzisstischen Eigenschaften ist also sehr hoch. Viele Menschen zeigen narzisstische Züge oder Merkmale, ohne die Kriterien für eine Persönlichkeitsstörung zu erfüllen (Fatfouta, 2025; Hasel, 2024).

Schätzungen zufolge besitzen etwa 5–10 % der Bevölkerung narzisstische Eigenschaften in unterschiedlicher Ausprägung, die das Verhalten beeinflussen können, ohne krankhaft zu sein (Fatfouta, 2025; Fiedler & Herpertz, 2020) (Tab. 1.1).

Tab. 1.1 Zusammenfassung Prävalenzzahlen

Kategorie	Geschätzte Prävalenz
Narzisstische Persönlichkeitsstörung (NPS) Deutschland	ca. 1–2 %
NPS Europa	ca. 0,5–2 %
NPS weltweit	ca. 0,5–6 % (häufig um 1 %)
Dunkelziffer (ungeklärte Fälle)	vermutlich höher, bis 3–5 %
Menschen mit narzisstischen Zügen	ca. 5–10 % der Bevölkerung

Quellenhinweise:

American Psychiatric Association (2013). *Diagnostic and statistical manual of mental discorders* (5th ed.)

World Health Organization. (2022). *World mental health report: Transforming mental health for all.*

Fiedler, P. & Herpertz, S.C. (2020). *Persönlichkeitsstörungen* (8., vollständig überarbeitete Aufl.). Beltz.

Hasel, V. F. (2024, 2. Mai). Sind wir wirklich alle Narzissten? *Die Zeit*, (19), 63–64.

Fatfouta, R. (2025, 21 Januar). *„Narzissmus hat viele Gesichter" – Dr. Ramzi Fatfouta über die unbekannten Seiten einer Persönlichkeitseigenschaft* (Interview). Medienportal der Universität Potsdam. uni-potsdam.de

Die inflationäre Verwendung des Begriffs „narzisstische Persönlichkeitsstörung" – Eine kritische Betrachtung

In den vergangenen Jahren hat die Nutzung des Begriffs „narzisstische Persönlichkeitsstörung“ (NPS) in gesellschaftlichen, medialen und alltäglichen Diskursen eine starke Zunahme erfahren. Während die NPS in der klinischen Psychologie eine klar definierte und ernstzunehmende psychische Erkrankung darstellt, deren Diagnose auf spezifischen Kriterien beruht, wird der Begriff heute häufig in einem sehr viel weiteren und häufig ungenauen Sinne gebraucht.

Diese tendenzielle Ausweitung des Begriffs kann als inflationäre Verwendung verstanden werden: Der Begriff „narzisstisch“ wird oft synonym mit egozentrischem, selbstbezogenem oder auch unangenehmem Verhalten verwendet, ohne die klinischen Voraussetzungen einer Persönlichkeitsstörung zu berücksichtigen. Dadurch entsteht eine Verwischung der Grenzen zwischen narzisstischen Persönlichkeitszügen, narzisstischem Verhalten und der tatsächlichen narzisstischen Persönlichkeitsstörung als psychischer Diagnose.

Die Diagnose der NPS gemäß DSM-5 oder ICD-11 erfordert ein spezifisches, anhaltendes Muster von Grandiosität, Bedürfnis nach Bewunderung sowie einen Mangel an Empathie, das zu deutlichen Beeinträchtigungen in sozialen, beruflichen oder anderen wichtigen Funktionsbereichen führt. Nicht jeder Mensch mit egozentrischen oder selbstbezogenen Verhaltensweisen erfüllt diese Kriterien, dennoch werden diese Begriffe im öffentlichen Sprachgebrauch oft unreflektiert verwendet.

Diese inflationäre Verwendung hat verschiedene Folgen. Einerseits trägt sie zur Sensibilisierung für narzisstische Verhaltensweisen bei und unterstützt Betroffene, problematische Beziehungsmuster zu erkennen. Andererseits führt sie zu einer Verwässerung und zum Bedeutungsverlust der eigentlichen Diagnose, was die Differenzierung zwischen pathologischem und „normalem" narzisstischem Verhalten erschwert. Dies kann auch zu Stigmatisierung, Fehlinterpretationen und übermäßiger Pathologisierung führen.

Zudem beobachten Fachleute, dass der Begriff in manchen Fällen als Kampfbegriff oder Etikett benutzt wird, um Konflikte zu eskalieren oder Personen zu diffamieren, ohne dass eine tatsächliche Persönlichkeitsstörung vorliegt. Diese Dynamik kann die therapeutische Arbeit erschweren und soziale Beziehungen zusätzlich belasten. Aus klinischer Sicht ist es daher essenziell, eine fundierte Diagnostik durch qualifizierte Fachkräfte sicherzustellen, bevor der Begriff „narzisstische Persönlichkeitsstörung" verwendet wird. Gleichzeitig ist ein differenzierter Umgang mit narzisstischem Verhalten notwendig, um den individuellen Kontext und die unterschiedlichen Ausprägungen von Narzissmus angemessen zu verstehen.

Zusammenfassend lässt sich sagen, dass die inflationäre Verwendung des Begriffs „narzisstische Persönlichkeitsstörung" sowohl Chancen als auch Risiken birgt. Sie fördert das Bewusstsein für narzisstische Phänomene, birgt jedoch die Gefahr der Überdehnung und Fehlinterpretation. Ein bewusster, reflektierter und differenzierter Umgang mit dem Begriff ist daher für Fachkräfte und Betroffene gleichermaßen von großer Bedeutung.

Quellen und weiterführende Literatur

American Psychiatric Association (2013). *Diagnostic and Statistical Manual of Mental Disorders (5. Auflage).* Arlington, VA: American Psychiatric Publishing. Offizielles Klassifikationsmanual für psychische Störungen mit präzisen diagnostischen Kriterien, darunter für die narzisstische Persönlichkeitsstörung.

Kernberg, O. F. (2016). *The Treatment of Patients with Borderline, Narcissistic, and Avoidant Personality Disorders.* New York: Guilford Press. Umfassende Darstellung narzisstischer Persönlichkeitsstörungen aus psychoanalytischer Sicht, differenziert zwischen narzisstischen Zügen und der klinischen Störung.

Cain, N. M., Pincus, A. L., & Ansell, E. B. (2008). Narcissism at the crossroads: Phenotypic description of pathological narcissism across clinical theory, social/personality psychology, and psychiatric diagnosis. *Clinical Psychology Review*, 28(4), 638–656. https://doi.org/10.1016/j.cpr.2007.09.006. Wissenschaftliche Analyse der Komplexität und der unterschiedlichen Facetten von Narzissmus, betont die Notwendigkeit differenzierter Betrachtung.

Edershile, E. A., & Wright, A. G. C. (2020). Towards a hierarchical model of pathological narcissism: A meta-analytic review of narcissistic traits. *Clinical Psychology Review*, 80, 101895. https://doi.org/10.1016/j.cpr.2020.101895. Meta-Analyse, die verschiedene Ausprägungen von Narzissmus untersucht und die Differenzierung zwischen gesunden, subklinischen und pathologischen Formen unterstützt.

Pincus, A. L., & Lukowitsky, M. R. (2010). Pathological Narcissism and Narcissistic Personality Disorder. *Annual Review of Clinical Psychology*, 6, 421–446. https://doi.org/10.1146/annurev.clinpsy.121208.131215. Erklärt die diagnostischen Grenzen und häufige Fehlinterpretationen im Umgang mit narzisstischen Symptomen.

Campbell, W. K., & Miller, J. D. (Eds.) (2011). *The Handbook of Narcissism and Narcissistic Personality Disorder: Theoretical Approaches, Empirical Findings, and Treatments.* Wiley-Blackwell. Umfassendes Handbuch, das theoretische, empirische und klinische Perspektiven zusammenführt.

Twenge, J. M., & Campbell, W. K. (2009). The Narcissism Epidemic: Living in the Age of Entitlement. Free Press. Diskutiert den gesellschaftlichen Anstieg narzisstischer Züge und den häufigen Missbrauch des Begriffs in populären Medien.

Material zu Kap. 1

Checkliste 1 – Bin ich mit einem Narzissten in Kontakt?

Beantworte jede Aussage mit: **Ja/Nein/Unsicher**

1. **Verhalten zu Beginn der Beziehung**
   - War die Person anfangs extrem charmant, bewundernd oder idealisierend?
   - Ging alles ungewöhnlich schnell voran (Vertrauen, Nähe, Versprechen)?
   - Hatte ich das Gefühl, auf ein Podest gehoben zu werden?
2. **Kommunikation und Empathie**
   - Redet die Person vor allem über sich selbst?
   - Hört sie wenig zu oder lenkt alles wieder auf sich zurück?
   - Fehlt echtes Mitgefühl oder Verständnis für meine Gefühle?
3. **Kritik und Verantwortung**
   - Reagiert die Person empfindlich auf Kritik oder Rückfragen?
   - Werde ich oft für Dinge verantwortlich gemacht, die nicht mein Fehler sind?
   - Gibt es selten echte Entschuldigungen oder Einsicht?

4. **Manipulation und Kontrolle**
   - Werde ich emotional unter Druck gesetzt („Du bist zu empfindlich")?
   - Erlebe ich Stimmungsschwankungen oder plötzliche Kälte?
   - Habe ich das Gefühl, kontrolliert, klein gehalten oder abhängig gemacht zu werden?
5. **Eigenes Erleben**
   - Fühle ich mich oft ausgelaugt, verunsichert oder „nicht mehr ich selbst"?
   - Zweifle ich an mir, obwohl ich früher selbstsicher war?
   - Habe ich Angst, ehrlich zu sein oder Grenzen zu setzen?

Auswertung

0–4 Ja-Antworten: Wahrscheinlich kein narzisstischer Kontakt, achte auf Selbstfürsorge und offene Kommunikation.

5–9 Ja-Antworten: Es gibt deutliche Anzeichen für narzisstische Verhaltensmuster. Reflektiere die Beziehung und setze gesunde Grenzen.

10+ Ja-Antworten: Sehr wahrscheinlich toxischer oder narzisstischer Kontakt. Eine innere Abgrenzung oder professionelle Unterstützung kann hilfreich sein.

Checkliste 2 – Typen-Test: Kennst du jemanden mit narzisstischen Anteilen?

1. Person kann auf den ersten Blick charmant sein und interessant wirken. **Ja/Nein**
2. Äußeres ist wie aus dem Ei gepellt; liebt Statussymbole. **Ja/Nein**
3. Person hält sich für etwas ganz Besonderes, auch ohne Grund. **Ja/Nein**
4. Person tut alles, um im Mittelpunkt zu stehen und bewundert zu werden. **Ja/Nein**
5. Person schmückt sich gern mit schönen und hochrangigen Menschen. **Ja/Nein**
6. Person hasst nichts mehr, als sich öffentlich zu blamieren oder zu scheitern. **Ja/Nein**
7. Person redet viel über sich, ein Lieblingswort: „ich", geht kaum auf andere ein. **Ja/Nein**
8. Person überschätzt eigenes Leiden und unterschätzt das Unglück anderer. **Ja/Nein**
9. Person nutzt andere Menschen aus, wenn es dem eigenen Vorteil dient. **Ja/Nein**

10. Person schmückt sich mit attraktiven Partnern, ist aber Affären nicht abgeneigt. **Ja/Nein**
11. Person bricht Regeln, um zu bekommen, was ihm/ihr nach eigener Meinung zusteht. **Ja/Nein**
12. Person möchte andere kontrollieren und erwartet, dass sich alle unterordnen. **Ja/Nein**
13. Person übertreibt Verdienste und erzählt oft Unwahres. **Ja/Nein**
14. Person nimmt Kritik persönlich und reagiert rachsüchtig. **Ja/Nein**
15. Person erniedrigt andere, um sich selbst zu erhöhen und zu kontrollieren. **Ja/Nein**
16. Person ist wichtig, dass alle Menschen gleich behandelt werden. **Ja/Nein**
17. Person glaubt, sehr erfolgreich zu sein. **Ja/Nein**
18. Person hat den Eindruck, dass andere seine/ihre besonderen Fähigkeiten nicht erkennen. **Ja/Nein**
19. Kritik kann Person nicht gut annehmen. **Ja/Nein**
20. Person hat das Gefühl, dass seine/ihre Leistung nicht ausreichend gewürdigt wird. **Ja/Nein**
21. Person ist es wichtig, dass andere ihm/ihr Beachtung schenken. **Ja/Nein**
22. Viele bewundern die Person. **Ja/Nein**
23. Person ist eigenes charmantes Verhalten wichtig. **Ja/Nein**
24. Manche sagen, Person hätte eine zu hohe Meinung von sich selbst. **Ja/Nein**
25. Es ist für Person selbstverständlich, dass Person sich Regeln nicht unterordnet, die Person in persönlichen Freiheiten einschränken. **Ja/Nein**
26. Es gibt Gründe, warum andere die Person zuvorkommend behandeln sollten. **Ja/Nein**
27. Person muss andere benutzen, um eigene Ziele zu erreichen. **Ja/Nein**
28. Wenn Person im Mittelpunkt steht, fühlt er/sie sich wohl. **Ja/Nein**
29. Eigene Bedürfnisse der Person sind wichtiger als die anderer. **Ja/Nein**
30. Wenn andere besser sind als die Person, belastet es ihn/sie. **Ja/Nein**
31. Person hat ein Problem damit, eigene Wünsche zurückzustellen. **Ja/Nein**
32. Man muss sich seine/ihre Aufmerksamkeit verdienen, meint Person. **Ja/Nein**
33. Aufgrund seiner/ihrer Persönlichkeitsstruktur gibt es Schwierigkeiten im Leben mit anderen oder mit sich selbst. **Ja/Nein**

Wie oft hast du mit „Ja“ geantwortet? Bitte zähle das Ergebnis zusammen, ehe du die Auswertung liest. Ergebnis: ____× Ja

17 × Ja = hohe Wahrscheinlichkeit

25 × Ja = sehr hohe Wahrscheinlichkeit

30 × Ja = hier könnte Narzissmus vorliegen

Testergebnisse

Der Test zu narzisstischen Persönlichkeitsmerkmalen ist nun abgeschlossen. Als Persönlichkeit werden Eigenschaften und Verhaltensweisen eines Menschen beschrieben, die seine/ihre Reaktionen erklären und Vorhersagen auf sein/ihr künftiges Verhalten ermöglichen. Eine Persönlichkeitsstörung liegt dann vor, wenn diese Eigenschaften derart ausgeprägt sind, dass sie zu subjektivem Leiden oder deutlichen Beeinträchtigungen im Umgang mit anderen führen. Bei Narzissmus ist diese Abgrenzung deshalb erschwert, da selbstwertdienliches Erleben zunächst einen „normalen" Teil der Persönlichkeit darstellt und erst ab einem gewissen Punkt einen Krankheitswert erhält. Das Ergebnis dieses Tests wird deshalb als Spektrum abgebildet mit einer Aussage, wie weit die narzisstischen Anteile ausgeprägt sind. Der Test lässt nicht auf eine narzisstische Persönlichkeitsstörung schließen. Wenn trotzdem das Gefühl da ist, an den Symptomen zu leiden, weil der Partner / die Partnerin narzisstische Anteile im Verhalten zeigt, können wir gern darüber sprechen.

Bitte beachten: Anhand dieses Selbsttests ist keine Beratung oder gar Diagnose dargestellt worden. Bitte konsultiere eine Fachinstitution oder mich vor Ort, um ein diagnostisches Gespräch durchzuführen. Bei weiteren Fragen kannst du dich bei psychologischen PsychotherapeutenInstitutionen oder gern auch bei mir melden.

Im nächsten Kapitel tauchen wir tiefer in die systemische Dimension ein: wie sich narzisstische Muster über Generationen weitergeben und warum der Ausstieg daraus gleichzeitig Befreiung und Neubeginn ist.

In diesem ersten Kapitel haben wir uns dem Thema Narzissmus genähert mit einer Mischung aus sachlicher Klarheit, ersten Selbsttests und vielleicht auch persönlichen Aha-Momenten. Vielleicht hast du beim Lesen gespürt, dass dich bestimmte Beschreibungen besonders getroffen haben. Vielleicht hast du erkannt, dass bestimmte Muster nicht nur Zufall, sondern Ausdruck einer tieferliegenden Dynamik sind.

Die Checkliste und der Typentest konnten dir erste Hinweise geben: Bin ich mit einer narzisstischen Persönlichkeit in Kontakt? Und wenn ja, welche Form von Narzissmus könnte mir da begegnen?

Doch Narzissmus ist mehr als ein individuelles Phänomen. Er ist oft eingebettet in ein größeres Gefüge, ein Umfeld, das bestimmte Verhaltensweisen stillschweigend duldet, verstärkt oder sogar systematisch aufrechterhält. Genau hier setzt das nächste Kapitel an, beim systemischen Narzissmus. Wir werfen gemeinsam einen tieferen Blick auf Familien, Organisationen oder ganze Gesellschaftsbereiche, in denen narzisstische Dynamiken nicht nur vorkommen, sondern regelrecht *weitervererbt* werden.

Was geschieht, wenn eine Familie nicht nur eine narzisstische Person hat, sondern selbst wie ein narzisstisches System funktioniert?

Wie fühlt sich es an, wenn ganze Lebenswelten geprägt sind von Macht, Kontrolle und emotionaler Leere? Mit diesem nächsten Kapitel beginnen wir, Narzissmus nicht nur individuell, sondern *systemisch* zu begreifen. Denn nur wer das ganze Bild sieht, kann sich wirklich befreien.

2

Systemisch übergreifender Narzissmus: *Familienmuster über Generationen*

In vielen Familien werden Verhaltensmuster, emotionale Kälte, Leistungsdruck oder Schuld über Generationen weitergegeben. Oft waren auch die Eltern, Großeltern oder Urgroßeltern emotional nicht frei, oft selbst geprägt von Krieg, Entbehrung, Scham oder Unterdrückung. Kinder in solchen Systemen übernehmen und übernahmen oft Rollen wie die Starke, die alles zusammenhält, der Unsichtbare, der nie stört, der Rebell, der die Spannung austrägt oder der Helfer, der alle versorgt.

Wenn einer dieser Rollen durch narzisstische Prägung verzerrt wird, entsteht ein fragiles Selbstbild von außen stark und innen leer. Narzisstische Verhaltensmuster können dann als Schutzpanzer gegen frühe emotionale Vernachlässigung entstehen.

Du darfst dich auch ohne Schuld lösen

Der Ausstieg aus einem familiären System mit narzisstischen Mustern bedeutet nicht, dass du dich gegen deine Familie stellst. Es bedeutet, dass du beginnst, für dich selbst zu sorgen und jene Muster zu durchbrechen, die dich an deinem inneren Wachstum hindern. Wenn du selbst erkennst, warum du welche Rollen übernommen hast. Was war dir als Kind nicht erlaubt zu fühlen? Oder wessen Last trägst du noch heute?

Systemische Arbeit, Hypnose, Meditation und therapeutische Begleitung helfen dabei, Klarheit zu gewinnen und den Weg in dein eigenes Leben zu finden.

A. Lange-Weihs, *Ich sehe dich nicht*, https://doi.org/10.1007/978-3-662-73755-2_2

In vielen Fällen ist Narzissmus kein Einzelfall, sondern Teil eines größeren Systems und Netzes. Verhaltensmuster, emotionale Kälte, Überanpassung, Hilflosigkeit oder Machtspiele werden von Generation zu Generation weitergegeben. Das geschieht oft unbewusst. Was die Großmutter nie zeigen durfte, konnte die Mutter nicht leben, und die Tochter versucht es zu kompensieren, manchmal durch übertriebene Selbstdarstellung oder emotionale Kontrolle. Narzissmus wird so zum „unsichtbaren Erbe".

Kinder in solchen Systemen lernen früh, dass sie nur dann Liebe erhalten, wenn sie „funktionieren". Sie passen sich an, werden leise, hilfsbereit oder gegenteilig rebellisch. Später können daraus Co-Narzissmus, Helfersyndrome oder das Bedürfnis entstehen, durch Leistung anerkannt zu werden. Doch es gibt auch die andere Seite – Menschen, die genau das Gegenteil entwickeln. Die besonders empathisch, rücksichtsvoll oder vermeidend werden, um sich abzugrenzen. Auch das ist eine Reaktion auf ein dysfunktionales System.

Ausstieg aus dem System, der Weg zur Selbstbefreiung

Den eigenen Wert wieder zu spüren, bedeutet oft, sich gegen generationsübergreifende Loyalitäten zu stellen. Das braucht Mut, Klarheit und liebevolle Abgrenzung. Der Ausstieg beginnt mit dem Erkennen des eigenen Gefühls von: Wer war emotional nicht erreichbar? Welche Erwartungen wurden nie ausgesprochen, aber ständig gefordert? Oder auch: Welche Rollen habe ich übernommen, um zu überleben? Systemisches Arbeiten, Hypnose, Innere-Kind-Arbeit helfen dabei, alte Bindungsmuster zu erkennen, Schuld zurückzugeben und den eigenen Weg zu finden. Du darfst gehen, ohne zu verraten. Du darfst heilen, ohne andere zu verurteilen. Du darfst frei sein.

„Der Ausstieg aus dem Familiensystem ist kein Bruch, es ist die Rückkehr zu dir selbst."

Im diesem Kapitel wirst du tiefer erfahren, wie systemische Verstrickungen dein Selbstbild geprägt haben und wie du dich daraus liebevoll und achtsam lösen kannst.

Was bedeutet „systemisch übergreifender Narzissmus"?

Vererbte Leere und Narzissmus als generationsübergreifende Wunde

Systemisch übergreifender Narzissmus beschreibt narzisstische Muster, die nicht nur in Einzelpersonen auftreten, sondern sich über mehrere Generationen, Rollen und Beziehungen hinweg innerhalb eines familiären, institutionellen oder gesellschaftlichen Systems fortpflanzen.

Typische Merkmale bei systemisch übergreifendem Narzissmus findet man unter familiären Loyalitäten, denn sie übersteigen das individuelle Wohl. Narzisstische Werte wie Macht, Perfektion, Kontrolle und Anpassung werden unbewusst weitergegeben. Kinder übernehmen unreflektiert elterliche (oder großelterliche) narzisstische Muster. Es gibt kaum Raum für individuelle Entfaltung oder emotionale Wahrheit.

Narzissmus kann sich, wie viele psychodynamische Muster, systemisch über Generationen hinweg in Familienstrukturen fortsetzen. Was wie ein Persönlichkeitsstil aussieht, ist oft ein unbewusster Bewältigungsmechanismus. Im Folgenden findest du eine strukturierte Erklärung.

Systemisch übergreifender Narzissmus

Wie sich narzisstische Muster über Generationen vererben und wie man ausbricht

Narzisstische Dynamiken entstehen

Narzissmus ist nicht angeboren, er entwickelt sich. Oft als Schutzstrategie in Kindheit und Jugend. Typische Ursachen können sein, wenn emotionale Vernachlässigung stattfindet, übermäßige Leistungsorientierung („Nur wenn du gut bist, bist du liebenswert") verlangt wird. Aber auch Instrumentalisierung durch Eltern („Du bist mein ganzer Stolz!") oder Parentifizierung (z. B. Kind übernimmt Verantwortung für das emotionale Gleichgewicht der Eltern) können Ursachen sein. Es gibt keinen Raum für Gefühle, Schwächen oder echte Bedürfnisse. Ein Kind, das sich nicht als geliebt, sondern als gebraucht erlebt, entwickelt oft ein falsches Selbst.

Tab. 2.1 Schematische Aufstellung des Systems, einfach und strukturiert aufgelistet

Generation	Typische Dynamik	Folge beim Kind
Großeltern	Kriegstraumata, emotionale Kälte, Leistung als Überlebensstrategie	Eltern lernen: Gefühl = Schwäche
Eltern	Werden selbst nicht gesehen, übernehmen Rollen (z. B. „stolze Tochter", „funktionierender Sohn")	Kind erlebt: Ich muss „etwas darstellen", um dazuzugehören.
Kind	Wird idealisiert oder entwertet, darf keine eigenen Bedürfnisse haben	Entwickelt Selbstzweifel oder narzisstische Schutzmuster

Wie sich Narzissmus systemisch überträgt (Tab. 2.1)

Eine Person aus narzisstischen Familienstrukturen kann in der Entwicklung zwei verschiedene Wege gehen.

a) **Übernahme des Musters („Ich werde auch narzisstisch"):** Es zeigt sich, dass der Mensch das Überlebensmuster (oft unbewusst) übernimmt. Er zeigt ein überhöhtes Selbstbild, wenig echte Empathie, Kontrolle und vermeidet Verletzlichkeit durch Dominanz.
b) **Gegenteilige Entwicklung („Ich werde extrem empathisch/selbstunsicher"):** Das „Gegenteil" ist kein echter Ausstieg, sondern eine komplementäre Rolle. Der Mensch unterdrückt eigene Bedürfnisse, lebt im Schatten und entwickelt hohe Empathie, oft verbunden mit Schuldgefühlen, Überanpassung.

Beides ist ein Ausdruck desselben Familiensystems, nur von entgegengesetzten Polen aus.

Was können Nachkommen tun, um auf Narzissmus reagieren zu können?

Wie man aus dem narzisstischen Familiensystem ausbrechen kann

Zuerst muss der Mensch erkennen und verstehen, welche Muster er übernommen hat. Die Muster erkennst du, indem du dir folgende Fragen stellst: Welche Rolle spiele ich? Wessen Erwartungen trage ich? Du kannst auch deine Familiengeschichte erforschen (z. B. Ahnenthema, Traumata oder welche Tabus es gab).

Über das Verstehen der Antworten auf die Fragen kommst du ins Gefühl. Fühle: Was ist meines und was nicht? Eigene Gefühle, Bedürfnisse und Grenzen kannst du wahrnehmen. Fremde Schuld und Verantwortung darfst du zurückgeben (z. B. durch therapeutische Rituale).

Du kannst dich abgrenzen, emotional und kognitiv, indem du dir ein „inneres Stopp" setzt und dir sagst: „Ich bin nicht mehr bereit, diesen Kreislauf fortzuführen." Abgrenzung kannst du auch ohne Hass mit Klarheit und Selbstachtung finden, um den inneren Frieden nicht zu belasten.

Wenn du das erreichen kannst, beginnt dein Neubeginn. Du lernst, das eigene Selbst wieder zu entwickeln, einen echten Selbstwert (nicht leistungsorientiert) und gesunde Beziehungen zu dir und anderen aufzubauen.

Wenn du innere Arbeit für dich selbst leisten möchtest, also Innere-Kind-Heilung erfahren möchtest, kannst du dir folgenden Satz für deinen Ausstieg aus dem System sagen:

„Ich würdige, was war, aber ich wähle einen anderen Weg.
Ich bin nicht hier, um zu erfüllen. Ich bin hier, um echt zu sein."

Die psychologische Einordnung für Therapeuten und das Verstehen für Betroffene

Transgenerationale Weitergabe sind narzisstische Muster, die oft unbewusst weitergegeben werden, wie etwa durch emotionales Delegieren („Du bist dafür verantwortlich, dass ich mich gut fühle") oder auch Parentifizierung (Kinder übernehmen Elternrollen) sowie tabuisierte Themen (Scham, Schuld, Versagen).

Zu erkennen sind sie auch über die Über-Ich-Strukturen. Das Über-Ich ist die moralische Instanz der menschlichen Psyche nach Freud, die sich durch die Verinnerlichung von gesellschaftlichen Werten und Normen bildet. Sie arbeitet als innerer Richter und Gewissen, das Forderungen und Verbote aufstellt, und steht dabei oft im Konflikt mit dem triebgesteuerten „ES". Das Über-Ich umfasst auch das „Ich-Ideal", eine Vorstellung davon, wie man sein sollte, und ist teilweise bewusst, teilweise unbewusst. Betroffene entwickeln häufig ein rigides Über-Ich, das sich in überhöhten Idealen, Perfektionsdruck oder Loyalitätskonflikten äußert. Diese innere Struktur ist häufig das Ergebnis der Internalisierung narzisstischer Dynamiken und Beziehungserfahrungen.

Systemisch übergreifender Narzissmus geht häufig mit einem frühen Bindungstrauma einher und die Alarmbereitschaft des Körpers zeigt: Nähe ist gefährlich (weil sie mit Vereinnahmung gekoppelt ist). Gleichzeitig führt Abgrenzung oft zu Schuldgefühlen.

Therapeutische Herangehensweise und Perspektiven

In der systemischen Arbeit und Genogrammarbeit entwickelt der Therapeut gemeinsam mit dem Klienten/Patienten eine Aufstellung von wiederholten

Mustern, Rollen und Loyalitätsverstrickungen. Das gibt Klienten eine neue Position in ihrem Herkunftssystem.

Die Arbeit mit dem inneren Kindanteil versorgt verdrängte Gefühle mit Wertschätzung und Fürsorge und stärkt das Selbstgefühl und die Selbstempathie.

Auch die Arbeit mit gesunden Grenzen ist wichtig. Klienten lernen, emotionale Grenzen zu spüren und zu setzen (Differenzierung zwischen „Ich bin egoistisch“ vs. „Ich sorge für mich“).

Über narrative Rekonstruktion werden die eigene Lebensgeschichte oder Teile davon in eine erzählerische Form gebracht, um ihr Kontinuität und Kohärenz zu verleihen und sie so verständlicher zu machen. Einerseits beschreibt es eine individuelle Fähigkeit, Erlebnisse in einer Erzählstruktur zu verarbeiten. Andererseits ist es eine wissenschaftliche Methode, um mündliche Erzählungen zu analysieren. Dabei werden auch alte Glaubenssätze erkannt („Ich bin nur wertvoll, wenn …“) und es können neue Selbstgeschichten geschrieben werden: „Ich darf sein, wie ich bin.“

Material zu Kap. 2

Betroffene können sich selbst helfen, indem sie sich selbst reflektieren

Selbstbeobachtung

Stelle dir nun Fragen zu deiner Selbstbeobachtung.
„Welche Botschaften habe ich über mich aus meiner Familie übernommen?"
„Wann verliere ich mich im Funktionieren?"

Schaffe dir Abgrenzungsrituale, indem du dir eine Visualisierung schaffst mit der inneren Überzeugung: „Ich trete aus dem alten System heraus.“ Suche dir symbolische Lösungen (z. B. mit einem Seil, das durchgeschnitten wird).

Wichtig ist die Eigenfürsorge, indem du dich selbst stärkst. Hilfreich ist es, ein Tagebuch zu schreiben mit der täglichen Frage: Was tut mir gut? Auch ist es nützlich, Mikro-Momente der Autonomie zu kultivieren und zu verinnerlichen, indem kleine Entscheidungen bewusst getroffen werden.

Ich habe in meiner Praxis mit der Arbeit und dem Patienten festgestellt, dass Patienten am besten lernen sich selbst wahrzunehmen, indem sie sich kognitiv verstehen, ins Gefühl gehen und auch für sich verantwortungsvoll handeln. Genau auf sich zu hören: Welche Bedürfnisse habe ich und was brauche ich, um glücklich zu sein.

Wenn also der Kopf versteht, um was oder welches Leiden es geht, kann der Patient ins Gefühl gehen. Seine Emotionen wahrnehmen, ins Gefühl kommen. Oft ist es durch das Verhalten im Außen nicht immer leicht, tief in sich zu schauen. Wenn er jedoch seine Traurigkeit, Wut oder Enttäuschung fühlt, sich selbst wieder anfängt zu vertrauen, sich seine Gefühle und Bedürfnisse nicht absprechen lässt, sondern immer bei sich bleibt, kann er zuerst in seine eigene Fürsorge gehen. Das stärkt das Selbstbewusstsein und gibt Kraft, aus diesen narzisstischen Systemen auszusteigen.

Wenn diese Kraft nicht mehr vorhanden ist, oder aber auch keine eigene Fürsorge mehr erlebt werden kann, gibt es vielleicht die Möglichkeit für dich, in eine Therapie oder Gruppenarbeit zu gehen. Besonders hilfreich können systemische Therapie, traumazentrierte Therapie, vielleicht auch hypnosystemische Ansätze sein. Selbsthilfegruppen vor Ort, auffindbar über „Der Paritätische", Klinikanfragen oder Online-Foren als Resonanzraum, können unterstützend sein.

Auf den folgenden Buchseiten findest du ein Arbeitsblatt, um für dich noch einmal zu reflektieren, ob du dich in einem systemischen Umfeld von Narzissmus befindest oder befandest.

Im Anschluss findest du einen Text zum Nachdenken und zum Reflektieren.

Arbeitsblatt zur Selbstreflexion: Systemisch übergreifender Narzissmus

Thema: *Meine innere Freiheit zwischen Loyalität, Identität und Selbstfürsorge*

1. **Familiäre Botschaften und Muster erkennen**
   Welche Sätze oder Botschaften habe ich als Kind oft gehört?
   (z. B. „Reiß dich zusammen", „Was sollen die Leute denken?", „Du bist nichts ohne Leistung")

   ☐
   ☐
   ☐

   Welche unausgesprochenen Erwartungen schienen im Raum zu stehen?
   (z. B. Sei perfekt, sei ruhig, sei stark, sei die/der Vernünftige)

   ☐
   ☐
   ☐

2. Loyalitätskonflikte aufdecken
Wo habe ich das Gefühl, dass ich jemandem in meiner Familie „treu bleiben" muss, auch wenn es mir nicht guttut?

☐

☐

☐

Was würde passieren, wenn ich mich innerlich oder äußerlich distanziere?
(Gedankenspiele, Ängste, Schuldgefühle, …)

☐

☐

☐

3. Mein inneres Kind hören
Was hätte ich mir als Kind gewünscht, aber nie bekommen?
(Zuwendung, Verständnis, Schutz, Ermutigung, …)

☐

☐

☐

Was brauche ich heute, um dieses Bedürfnis nachzunähren?
(Ein Mensch? Ein Ort? Eine innere Haltung?)

☐

☐

☐

4. Selbstbild und Rollenverständnis
Welche Rolle(n) habe ich innerhalb des Familiensystems übernommen?

☐ Das brave Kind

☐ Der/die Versorger:in

☐ Der/die Rebell:in

☐ Der/die Vermittler:in

☐ Das unsichtbare Kind

☐ Andere: ____________

Welche dieser Rollen belasten mich heute noch? Welche möchte ich loslassen?

- ☐
- ☐
- ☐

5. **Systemisch loslassen und neu wählen**
   Was darf ich heute innerlich loslassen, um bei mir selbst anzukommen?
   (Ein Glaubenssatz, eine Schuld, eine Rolle, ein ständiger Druck, ...)

   - ☐
   - ☐
   - ☐

   Was möchte ich stattdessen stärken oder neu entwickeln?
   (z. B. Selbstfürsorge, gesunde Grenzen, emotionale Freiheit, ...)

   - ☐
   - ☐
   - ☐

6. **Eine heilende Botschaft an mich selbst**
   Schreibe eine kurze Botschaft an dein inneres Kind oder dein gegenwärtiges Ich. Du darfst dabei liebevoll, ehrlich und unterstützend sein.
   („Ich darf ...“, „Ich bin bereit, ...“, „Ich löse mich von ... und entscheide mich für ...“)

   - ☐
   - ☐
   - ☐

Einleitung zum Text von Charlie Chaplin

Es gibt Texte, die nicht nur gelesen, sondern erlebt werden, Zeile für Zeile. Sie berühren etwas in uns, das vielleicht lange geschlummert hat – die leise Sehnsucht nach Selbstannahme, nach innerem Frieden, nach einem Leben im Einklang mit dem eigenen Wesen. Das Gedicht *„Als ich mich selbst zu lieben be-*

gann", das oftmals Charlie Chaplin zugeschrieben wird, ist ein solcher Text. Ob er es tatsächlich verfasst hat oder ob seine Gedanken in diesen Versen lediglich weitergetragen wurden, das ist letztlich zweitrangig, jedenfalls stammt es eigentlich von der amerikanischen Autorin Kim McMillen. Sie verfasste das Gedicht in den 1990er-Jahren für ihr Buch „When I Loved Myself Enough". Die Verwechslung mit Charlie Chaplin entstand vermutlich, weil der Text in verschiedenen Kontexten veröffentlicht wurde, oft ohne Nennung der tatsächlichen Autorin.

Hinweis

Das hier frei übersetzte Gedicht über Selbstliebe „As I began to love myself" von Kim McMillen (ca. 1944–1996, amerikanische Autorin) wurde auf Basis alternativer Fakten des Internets lange Charles Spencer „Charlie" Chaplin (1889–1977, beliebtester Stummfilmkomiker seiner Zeit) zugeschrieben, der es zu seinem 70. Geburtstag verfasst haben sollte.

Für uns ist aber entscheidend, was diese Worte in uns auslösen.

Dieses Gedicht beschreibt den Weg zu sich selbst nicht als schnellen Schritt, sondern als stille, heilende Rückkehr. Es ist ein Bekenntnis zu einer neuen inneren Haltung, zu einem Leben, das nicht länger von Selbstverleugnung, falscher Anpassung oder dem Streben nach äußerer Anerkennung geprägt ist, sondern von Selbstrespekt, Klarheit und Mitgefühl. In diesem Kapitel lade ich dich ein, innezuhalten. Lausche den Zeilen mit offenem Herzen. Vielleicht entdeckst du in ihnen auch deine eigene Geschichte oder den Anfang von etwas Neuem, dem tiefen, ehrlichen Entschluss, dich selbst zu lieben. Nicht irgendwann, sondern jetzt.

Als ich mich selbst zu lieben begann … (Charlie Chaplin)

Als ich mich selbst zu lieben begann, habe ich verstanden, dass ich immer und bei jeder Gelegenheit zur richtigen Zeit am richtigen Ort bin und dass alles, was geschieht, richtig ist. Von da an konnte ich ruhig sein.

Heute weiß ich: Das nennt man VERTRAUEN.

Als ich mich selbst zu lieben begann, konnte ich erkennen, dass emotionaler Schmerz und Leid nur Warnungen für mich sind, gegen meine eigene Wahrheit zu leben.

Heute weiß ich: Das nennt man AUTHENTISCH SEIN.

Als ich mich selbst zu lieben begann, habe ich aufgehört, mich nach einem anderen Leben zu sehnen und konnte sehen, dass alles um mich herum eine Aufforderung zum Wachsen war.

Heute weiß ich: Das nennt man REIFE.

Als ich mich selbst zu lieben begann, habe ich aufgehört, mich meiner freien Zeit zu berauben, und ich habe aufgehört, weiter grandiose Projekte für die Zukunft zu entwerfen. Heute mache ich nur das, was mir Spaß und Freude macht, was ich liebe und was mein Herz zum Lachen bringt, auf meine eigene Art und Weise und in meinem Tempo.

Heute weiß ich: Das nennt man EHRLICHKEIT.

Als ich mich selbst zu lieben begann, habe ich mich von allem befreit, was nicht gesund für mich war, von Speisen, Menschen, Dingen, Situationen und von allem, das mich immer wieder hinunterzog, weg von mir selbst.

Anfangs nannte ich das gesunden Egoismus, aber heute weiß ich: Das ist SELBSTLIEBE.

Als ich mich selbst zu lieben begann, habe ich aufgehört, immer recht haben zu wollen. So habe ich mich weniger geirrt.

Heute habe ich erkannt: Das nennt man DEMUT.

Als ich mich selbst zu lieben begann, habe ich mich geweigert, weiter in der Vergangenheit zu leben und mich um meine Zukunft zu sorgen. Jetzt lebe ich nur noch in diesem Augenblick, wo ALLES stattfindet. So lebe ich heute jeden Tag und nenne es BEWUSSTHEIT.

Als ich mich zu lieben begann, da erkannte ich, dass mich mein Denken armselig und krank machen kann. Als ich jedoch meine Herzenskräfte anforderte, bekam der Verstand einen wichtigen Partner. Diese Verbindung nenne ich heute HERZENSWEISHEIT.

Wir brauchen uns nicht weiter vor Auseinandersetzungen, Konflikten und Problemen mit uns selbst und anderen zu fürchten, denn sogar Sterne knallen manchmal aufeinander und es entstehen neue Welten. Heute weiß ich: DAS IST DAS LEBEN!

Reflexionsimpulse: Dein Weg zur Selbstliebe

Nimm dir einen Moment Zeit. Atme tief ein und aus und vielleicht möchtest du das Gedicht noch einmal lesen. Oder einfach spüren, welche Gedanken und Gefühle in dir anklingen. Lass dir Zeit. Es geht nicht um Antworten, sondern um das bewusste Hinspüren.

Fragen zur Selbstreflexion:

- Welche Zeile des Gedichts hat dich besonders berührt und warum?
- An welchem Punkt deines Lebens hast du begonnen, dich selbst mehr zu achten?

- Gibt es heute noch Anteile in dir, die du ablehnst oder verdrängst? Was würden sie sagen, wenn sie sprechen dürften?
- Was bedeutet *Selbstliebe* für dich, jenseits von Idealbildern oder Erwartungen?
- Welche alten Muster oder Überzeugungen darfst du loslassen, um mehr bei dir selbst anzukommen?

Eine Einladung an dich

Schreibe dir selbst einen kurzen Brief, so, wie du ihn einem geliebten Menschen schreiben würdest. Liebevoll, ehrlich, wertschätzend. Du darfst dir selbst begegnen, in Mitgefühl und ohne Urteil.

Selbstliebe-Ritual: *Ein Moment nur für dich*

Dieses kleine Ritual kannst du ganz für dich allein gestalten. Es braucht nur dich und deine bewusste Präsenz.

Was du brauchst:

- Einen ruhigen Ort
- Eine Kerze (optional)
- Ein Notizbuch oder Blatt Papier
- Einen Stift
- 10–15 min Zeit

Schritt 1: Komm bei dir an

Setze dich bequem hin. Zünde, wenn du magst, eine Kerze an. Schließe sanft die Augen. Atme tief durch die Nase ein … und langsam durch den Mund aus. Nimm wahr, wie dein Atem dich trägt. Spüre den Boden unter dir. Du bist hier. Du bist sicher. Du bist genug.

Schritt 2: Lege deine Hand auf dein Herz

Spüre den Herzschlag unter deiner Hand. Du musst nichts leisten. Du darfst einfach sein. Sag leise oder in Gedanken zu dir:

„Ich bin bereit, mich selbst mit liebevollen Augen zu sehen.“

„Ich erlaube mir, mich selbst anzunehmen, so wie ich bin.“

Verweile einen Moment in diesem Gefühl. Lass dein Herz weich werden.

Schritt 3: Schreibe dir einen Herzenssatz

Öffne die Augen, nimm dein Notizbuch zur Hand. Schreibe ohne Nachdenken den Satz auf:

„Ich liebe mich, weil ...“

Lass deinen Stift weiterfließen. Schreibe alles auf, was kommt, ohne zu bewerten. Vielleicht nur einen Satz. Vielleicht eine ganze Seite. Lass dein Herz sprechen.

Schritt 4: Ein kleiner Abschluss

Wenn du möchtest, falte deinen Text und lege ihn an einen besonderen Ort, vielleicht in ein Buch, unter dein Kopfkissen oder in deine Tasche. Erinnere dich im Alltag daran: Du bist dein sicherer Ort. Deine Liebe beginnt bei dir.

Du kannst dieses Ritual immer wiederholen, als liebevolle Erinnerung daran, dass du selbst die wichtigste Beziehung in deinem Leben bist.

„Und vielleicht beginnt wahre Heilung genau dort, wo wir aufhören, uns selbst zu suchen, und endlich bereit sind, uns selbst zu umarmen.“

Der systemische Blick auf den Narzissmus eröffnet eine neue Tiefe des Verstehens. Er zeigt, dass narzisstische Strukturen selten nur im Einzelnen entstehen, sondern häufig in einem Umfeld wachsen, das selbst geprägt ist von Leistungsdruck, Anpassung, emotionaler Kälte oder unausgesprochenen Loyalitäten. In Familien, in Institutionen, in Gesellschaften entstehen so Systeme, in denen Narzissmus nicht nur geduldet, sondern regelrecht gestärkt und weitergetragen wird.

Diese Erkenntnis mag im ersten Moment erschütternd sein. Denn sie macht sichtbar, dass das Leid, das narzisstische Beziehungen verursachen, oft nicht bei einer Person beginnt und auch nicht dort endet. Aber genau darin liegt auch die Chance. Wenn wir das System erkennen, können wir beginnen, uns daraus zu lösen. Wenn wir die Dynamik durchschauen, können wir die Verantwortung zurückgeben, die nie unsere war. Und wenn wir den Mut haben, die Wahrheit zu benennen, können wir das Schweigen durchbrechen und heilen.

Mit diesem Verständnis im Gepäck richten wir unseren Fokus nun auf die Kindheit narzisstischer Eltern oder Bezugspersonen. Kinder, die ständig solchen Menschen ausgesetzt sind, können ihre eigene Persönlichkeit kaum entwickeln. Sie werden zur Erweiterung der Persönlichkeit der Menschen, mit denen sie sich umgeben müssen. Ich schreibe hier bewusst von umgeben müssen, denn sie haben keine Möglichkeit, aus diesen Verhältnissen zu kommen. Sie haben nur die Möglichkeit sich den Bezugspersonen anzupassen, um zu überleben.

Aber wir werden auch im nächsten Kapitel dem versteckten Narzissmus begegnen. Oft merken wir in den ersten Begegnungen nicht, wer wirklich vor uns steht. Versteckter Narzissmus wird als eine Person beschrieben, die eine Maske ständig und immer mit sich trägt. Diese Menschen zeigen sich nach außen bescheiden, schüchtern und sehr liebevoll, um so ihre Anerkennung von dir zu gewinnen. In Wirklichkeit sind sie manipulierend und selbstbezogen, können durch subtile Methoden Schuld umkehren, niederschwellig aggressiv werden und fühlen sich gern als Opfer. Meist zeigen sie ihren Partner:innen geringe Empathie, obgleich sie nach außen Empathie vorspielen. Sie sind nicht kritikfähig.

3

Narzissmus in der Kindheit – Frühe Prägungen und Folgen

Die Wurzeln narzisstischer Persönlichkeitsstrukturen liegen häufig tief in der Kindheit verankert. Schon in den ersten Lebensjahren werden die Grundlagen für unser Selbstbild, unsere emotionalen Bedürfnisse und unsere Fähigkeit zu zwischenmenschlicher Nähe gelegt. Wenn ein Kind jedoch in einem Umfeld aufwächst, das geprägt ist von emotionaler Vernachlässigung, Überforderung, fehlender Anerkennung oder sogar Missbrauch, entstehen tiefe seelische Verletzungen.

Narzissmus entsteht nicht aus dem Nichts. Oft liegen frühe Erfahrungen, Bindungsthemen und familiäre Dynamiken zugrunde. In diesem Kapitel betrachten wir, wie narzisstische Persönlichkeitszüge in der Kindheit wachsen und wie frühe Prägungen unser späteres Verhalten beeinflussen.

Ursachen in der Kindheit können das Verlangen von übermäßigen Forderungen an das Kind (Perfektionismus, Leistung) und Mangel an bedingungsloser Liebe und Anerkennung sein. Liebe wird nur gezeigt, wenn das Kind seine „Aufgaben" erfüllt, immer in Erwartung der Eltern oder Bezugsperson.

Wenn Eltern mit narzisstischen oder emotional instabilen Mustern leben, erlebt das Kind oft eine Rollenumkehr. Das Kind wird zum „kleinen Erwachsenen" oder emotionalen Versorger der Eltern.

Was das für Auswirkungen auf das Selbstbild hat, ist auf jeden Fall meist ein auffälliges Verhalten. Kinder haben ein starkes Bedürfnis nach Aufmerksamkeit und Bewunderung bis ins hohe Erwachsenalter. Sie haben Schwierigkeiten, echte Nähe und Empathie zuzulassen. Dies geht einher mit der Entwicklung von Abwehrmechanismen wie Leugnung oder Verleugnung von Gefühlen, auch Abspaltung der Gefühle, ein Gefühl der Starre, Leere oder

A. Lange-Weihs, *Ich sehe dich nicht*, https://doi.org/10.1007/978-3-662-73755-2_3

auch Kälte, die sich innerlich auswirken können. Im Grunde haben sie Probleme mit ihrem Selbstwertgefühl und der Identitätsfindung.

Die Kinder, die narzisstische Muster übernehmen, werden Eltern und Geschwister, aber auch ihre Bezugspersonen nachahmen. Sie verinnerlichen familiäre Werte und Rollen, oft durch unbewusste Anpassung an emotionale Erwartungen und Manipulation.

Auch im erwachsenen Leben können sie erste Schritte zur Heilung finden, indem sie sich der eigenen Lebensgeschichte und Muster bewusst werden. Indem sie sich mit Gefühlen, die oft verdrängt wurden, auseinandersetzen. Sie sollten sich nach liebevoller, sicherer Unterstützung außerhalb der Familie umsehen und ein neues, gesundes Selbstbild jenseits der alten Muster erlernen.

Narzissten sind häufig das Produkt solcher frühen Erfahrungen. Sie entwickeln Abwehrmechanismen, die ihnen helfen, mit einem inneren Mangel an Wertschätzung und Selbstliebe umzugehen. Dies kann sich in grandiosem Verhalten, dem Streben nach Kontrolle oder in verdeckten Formen von Selbstzweifel und innerer Leere äußern. In diesem Kapitel wollen wir die prägenden Faktoren und Mechanismen beleuchten, die in der Kindheit wirken und später narzisstisches Verhalten begünstigen. Wir betrachten die Rolle der Eltern, die Bedeutung von Spiegelung und Bindung sowie die Folgen für die emotionale und soziale Entwicklung. Dieses Wissen ist ein Schlüssel, um die Hintergründe narzisstischer Persönlichkeiten zu verstehen und gleichzeitig eine Grundlage für Heilungs- und Wachstumsprozesse.

Ursachen von Narzissmus in der Kindheit

Narzissten entwickeln ihre Persönlichkeitszüge meist als Antwort auf frühe Erfahrungen und Prägungen. Narzissmus ist oft eine Schutzreaktion auf Verletzungen des Selbstwertgefühls in der Kindheit. Kinder, deren emotionale Bedürfnisse nach Nähe, Anerkennung und Geborgenheit nicht erfüllt werden, entwickeln oft ein fragiles Selbstbild. Sie lernen, dass sie sich selbst „aufwerten" müssen, um Aufmerksamkeit zu bekommen. Das führt zu einer übersteigerten Suche nach Bewunderung.

Wenn Eltern oder Bezugspersonen das Kind nur dann lieben oder anerkennen, wenn es Höchstleistungen bringt, entsteht ein Gefühl „nicht gut genug" zu sein. Das Kind entwickelt narzisstische Strategien, um sich durch Erfolg oder Perfektion zu bestätigen. Unvorhersehbare Zuwendung oder Bestrafung führt zu Verunsicherung. Das Kind lernt, sich hinter einer Fassade zu verstecken, um nicht verletzt zu werden. Kinder, die zu sehr verhätschelt werden, erhalten ein unrealistisches Selbstbild. Sie entwickeln eine überhöhte Erwartungshaltung an sich selbst und andere.

Missbrauch, Verlust oder schwere emotionale Verletzungen können die Entwicklung eines gesunden Selbstbildes stören. Narzissmus kann dann als Schutzmechanismus dienen, um Schmerz und Ohnmacht zu verdrängen.

Narzissten sind oft Kinder, die gelernt haben, sich selbst zu schützen, weil sie nicht ausreichend emotionale Sicherheit, Anerkennung und echte Liebe erfahren haben. Ihr Narzissmus ist eine Kompensation für ein verletztes inneres Kind und ein schwaches Selbstwertgefühl.

Ab welchen Alter machen sich die ersten Anzeichen von Narzissmus bemerkbar?

Die ersten Anzeichen narzisstischer Züge können sich bereits im Kindes- und Jugendalter zeigen, aber ob daraus später eine narzisstische Persönlichkeitsstörung (NPS) entsteht, hängt von vielen biografischen, familiären und sozialen Faktoren ab. Wichtig ist: *Nicht jedes selbstbezogene Verhalten eines Kindes ist pathologisch.*

Wann beginnt Narzissmus hier ein Überblick

Frühe Kindheit (0–6 Jahre)

In dieser Phase entwickelt sich das Urvertrauen, die Bindungsfähigkeit und die Selbstwahrnehmung. Narzissten berichten häufig rückblickend von fehlender emotionaler Spiegelung durch die Eltern und übermäßiger Kritik oder überhöhter Idealisierung, geprägt von Leistung statt echter Zuwendung.

Noch keine narzisstischen Züge im engeren Sinn, aber die Grundlagen für ein verletztes Selbst können hier gelegt werden.

Grundschulalter (6–10 Jahre)

In dieser Zeit entwickeln Kinder ein stabileres Selbstbild. Frühe Anzeichen können übermäßige Bedürftigkeit nach Anerkennung und starke Reaktion auf Kritik („Ich bin dann lieber perfekt“) sein. Es entsteht die Tendenz, andere abzuwerten, um sich selbst zu erhöhen, weil geringe Frustrationstoleranz bei Misserfolg vorhanden ist. Oft zeigt sich ein Rollenverhalten („Ich bin der

Beste"). Hier spricht man von narzisstischen Anteilen oder einem kompensatorischen Selbstwertsystem und noch nicht von einer Störung.

Pubertät und Jugendalter (11–18 Jahre)

Jetzt zeigen sich häufig deutlichere narzisstische Tendenzen, bei manchen vorübergehend, bei anderen als stabiler Persönlichkeitsstil und starke Ich-Bezogenheit, Grandiositätsfantasien, geringe Empathie, Überlegenheitsgefühl, extrem starke Reaktion auf Ablehnung („narzisstische Kränkung"). Schönheit, Leistung oder Status werden zur Selbstdefinition genutzt und es gibt ein hohes Bedürfnis nach Bewunderung (oft auch über Social Media). Sie selbst haben eine geringe Fähigkeit zur Selbstreflexion.

Jugendlicher Narzissmus ist häufig noch „reifbar", d. h. entwicklungsbedingt, nur bei chronischer Ausprägung über Jahre spricht man später von narzisstischer Persönlichkeitsstörung.

Frühes Erwachsenenalter (ab ca. 18–25 Jahre)

Erst hier kann sich eine narzisstische Persönlichkeitsstörung klinisch stabil zeigen, wenn das Verhalten situationsübergreifend auftritt und die Person (oder das Umfeld) darunter leidet. Wenn zwischenmenschliche Beziehungen gestört sind und keine Einsicht oder Veränderungsmotivation besteht.

Wichtig zu wissen ist, dass narzisstische Züge im Jugendalter normal sind, besonders in der Identitätsfindung.

Pathologisch wird Narzissmus erst, wenn er rigide, abwehrend, beziehungszerstörend und nicht mehr entwicklungsfähig ist.

Die ersten Anlagen zu narzisstischen Mustern entstehen oft in der frühen Kindheit. Deutlicher sichtbar werden sie ab der Pubertät, wenn das Selbstwertsystem stärker gefordert wird. Ob daraus eine narzisstische Störung entsteht, hängt vom Zusammenspiel aus Bindung, Selbstbild, Erziehung, sozialen Spiegeln und Traumata ab (Tab. 3.1).

Erläuterungen: Jede Entwicklungsphase ist ein „Fenster der Prägung". Wird emotionale Reifung dort nicht unterstützt, können kompensatorische Selbstbilder entstehen.

Die Verletzlichkeit hinter dem Narzissmus ist oft früh angelegt, Narzissmus ist meist ein Selbstschutz.

Die Formen des Narzissmus (grandios, verdeckt, somatisch, spirituell etc.) hängen stark vom Umfeld, von Vorbildern und von inneren Strategien ab.

Tab. 3.1 Entwicklungsdiagramm – Wie entsteht Narzissmus? Vom verletzten Selbstwert zur möglichen narzisstischen Ausprägung

Alter	Entwicklungsaufgaben	Mögliche Ursachen für Narzissmus	Frühe Anzeichen narzisstischer Tendenzen
0–3 Jahre	Bindung, Urvertrauen, erste Selbstwahrnehmung	– Fehlende emotionale Resonanz – Unsichere Bindung – Abwesenheit oder Überforderung der Bezugspersonen	– Geringe emotionale Regulation – Kontrolle statt Nähe – Unsichere Selbst- und Fremdwahrnehmung
4–6 Jahre	Autonomie, Selbstbild, Rollenlernen	– Übermäßige Idealisierung – Entwertung statt echter Wertschätzung – Leistung wird belohnt, nicht das Sein	– Überhöhtes Geltungsbedürfnis – Frustration bei Kritik – Geringe Impulskontrolle
7–10 Jahre	Schulischer Vergleich, soziale Zugehörigkeit	– Mangel an echter Anerkennung – Hoher Leistungsdruck – Mobbingerfahrungen	– Starkes Bedürfnis nach Überlegenheit – Abwertung anderer – Emotionale Kälte oder Rückzug
11–14 Jahre	Identitätsentwicklung, Pubertät, Ablösung	– Instabile Vorbilder – Leistungs- oder Schönheitsideale – Abwertung durch Gleichaltrige oder Eltern	– Grandiose Fantasien – Starkes Online-Selbstdarstellungsbedürfnis – Empathieverlust
15–18 Jahre	Selbstwertkonsolidierung, Beziehungslernen	– Überforderung durch emotionale Nähe – Ambivalente Eltern-Kind-Dynamiken – Fehlende Ich-Stärkung	– Idealisierung und Abwertung – Empfindlichkeit bei Zurückweisung – Kontrolliertes Beziehungsverhalten
19–25 Jahre	Verantwortung, Rollenfindung, Lebensgestaltung	– Wiederholte Kränkungen – Keine Entwicklung echter Autonomie – Geringe emotionale Reife	– Starres Selbstbild – Nähevermeidung – Soziale Maskenbildung
Ab 25 Jahre	Persönlichkeitsstabilisierung oder Fixierung von Mustern	– Chronische Selbstwertinstabilität – Abwehrmechanismen gegen Schwäche – Mangelnde Therapie- oder Konfliktfähigkeit	– Pathologischer Narzissmus – Beziehungsunfähigkeit – Wiederholte Konflikte und Krisen

Hinweise zur Anwendung: Du kannst dieses Diagramm in Elterncoachings („Was braucht ein Kind zur gesunden Selbstwertbildung?"), in pädagogischen Teams zur Sensibilisierung für Narzissmus im Schulalltag und in der Therapie, um mit Klient:innen eigene biografische Entwicklungsschritte zu reflektieren, nutzen.

Hinweise zur Interpretation: Nicht jede Phase führt automatisch zur narzisstischen Struktur. Entscheidend ist die Dauer, Intensität und Wiederholung ungünstiger Erfahrungen. Viele narzisstische Züge im Jugendalter sind normal, sie werden pathologisch, wenn sie zur rigiden Überlebensstrategie werden. Auch elterlicher Narzissmus, übermäßige Anpassung oder emotionaler Missbrauch können narzisstische Muster fördern.

Kann ich, wenn ich bei einem Kind Anzeichen von Narzissmus erkenne, gegensteuern und eine spätere Persönlichkeitsstörung vermeiden?

Ja, absolut, du kannst gegensteuern, und zwar mit großer Wirkung. Die Entstehung einer narzisstischen Persönlichkeitsstörung ist nicht vorbestimmt, selbst wenn bei einem Kind frühe narzisstische Tendenzen erkennbar sind. Die kindliche Psyche ist formbar, und durch gezielte Begleitung können gesunde Selbstwertstrukturen aufgebaut und gefördert werden.

Frühzeitiges Erkennen ist wichtig!

Narzisstische Strukturen entstehen oft aus einem verletzlichen Selbstwertgefühl, das entweder überhöht (durch Idealisierung) oder abgewertet (durch Vernachlässigung, Kritik) wurde. Ein Kind lernt dann:

„Ich bin nur etwas wert, wenn ich besonders bin, oder wenn ich mich schütze, indem ich andere klein mache."

Doch mit liebevoller, achtsamer und konsequenter Unterstützung lässt sich diese Überlebensstrategie in echte Selbstannahme verwandeln.

Du selbst kannst etwas tun, um eine spätere Persönlichkeitsstörung zu vermeiden.

Um innerhalb deiner Familie nicht dieselben Fehler zu machen, kannst du unterstützend wirken, indem du echtes Gesehenwerden statt Bewunderung zulässt. Das heißt zum Beispiel: Lobe konkret, nicht pauschal: „Du hast dich richtig angestrengt beim Malen“ statt „Du bist ein Genie!“ Sieh das Kind in seinem ganzen Wesen und nicht nur in seiner Leistung oder Wirkung auf andere.

Sieh dessen Gefühle und versuche, sie zu spiegeln und zu benennen. Zeig dem Kind, dass alle Gefühle erlaubt sind, auch Traurigkeit, Scham oder Unsicherheit. Sag z. B.: „Ich sehe, dass du gerade enttäuscht bist, das darf sein.“

Empathie fördern ist wichtig. Gerade im Umgang mit Menschen ist ein Miteinander sehr wichtig. Sprich über Gefühle anderer: „Wie glaubst du, hat sich Mia gefühlt, als du das gesagt hast?“ Lies gemeinsam mit dem Kind Bücher, in denen es um Gefühle, Rücksicht oder Verletzlichkeit geht.

Du solltest auf jeden Fall Grenzen setzen, aber liebevoll. Sag klar: „Ich mag dich immer, aber ich finde es nicht in Ordnung, wenn du andere beschimpfst.“ Grenzen helfen Kindern, sich innerlich sicher und reguliert zu fühlen.

Selbstwertförderung ist für Kinder und Jugendliche sehr wichtig, damit sie stark ins Leben gehen können. Sie sollte nur ohne Überhöhung und im normalen Kontext stattfinden. Ermutige das Kind, Fehler zu akzeptieren, zeig, dass Scheitern normal und menschlich ist. Mach es vor: Sprich über deine eigenen Fehler oder Unsicherheiten (altersgemäß).

Was Kinder brauchen, um gesund zu reifen.

„Ich bin wertvoll, auch wenn ich nicht perfekt bin.“
„Ich darf sein, wie ich bin, mit Licht und Schatten.“
„Ich bin nicht besser als andere und nicht weniger wert.“

Für Eltern, Pädagog:innen und Therapeut:innen gibt es einen sehr wichtigen Hinweis!

Du kannst kein narzisstisches Kind „heilen“, aber du kannst es stärken. Du solltest authentisch, klar, emotional erreichbar und reflektiert sein, auf Beziehung statt auf Bewertung setzen, und immer wieder Verbindung statt Wirkung ins Zentrum stellen.

Wie kann ich ein Elterngespräch bei auffälligen Kindern gestalten, bei denen ich Anhaltspunkte für eine narzisstische Prägung vermute?

Ein Elterngespräch bei Kindern mit Anzeichen einer narzisstischen Prägung erfordert hohe Sensibilität, fachliches Einfühlungsvermögen und strukturelle

Klarheit. Ziel ist es nicht, Eltern zu beschuldigen, sondern einen geschützten Raum für Beobachtungen, Entwicklungsmöglichkeiten und Kooperation zu schaffen. Hier findest du eine strukturierte und praxisnahe Leitlinie, die dir dabei hilft, dieses sensible Thema professionell und respektvoll zu gestalten:

Material zu Kap. 3

Leitfaden: Elterngespräch bei Verdacht auf narzisstische Prägung

Ziel:

Förderung der emotionalen Entwicklung des Kindes durch wertschätzende, lösungsorientierte Zusammenarbeit mit den Eltern.

1. **Vorbereitung**
   - Beobachtungen dokumentieren: Welche konkreten Verhaltensweisen (z. B. starke Ich-Fixierung, Empathiemangel, extreme Reaktionen auf Kritik) geben Anlass zur Sorge?
   - Kontext beachten: In welchen Situationen treten die Auffälligkeiten auf? Gibt es Hinweise auf Überforderung, Vernachlässigung oder übermäßige Idealisierung zu Hause?
   - Selbstklärung: Was ist deine Rolle? (z. B. pädagogisch, therapeutisch, schulisch) und was ist dein Ziel im Gespräch?
2. **Rahmen gestalten**
   - Neutrale, ruhige Atmosphäre schaffen
   - Zeitrahmen klären
   - Positiv einleiten: „Ich freue mich, dass Sie da sind. Es geht darum, gemeinsam auf Ihr Kind zu schauen und es bestmöglich zu unterstützen."
3. **Beobachtungen sachlich mitteilen**
   - Vermeide psychologische Fachbegriffe wie „narzisstisch". Stattdessen: „Mir ist aufgefallen, dass Ihr Kind häufig sehr stark im Mittelpunkt stehen möchte und sich schwer damit tut, wenn andere Kinder auch Raum bekommen." „In Konfliktsituationen reagiert Ihr Kind manchmal sehr empfindlich auf Rückmeldungen, oft mit Rückzug oder Wut."
   - Tipp: Immer beschreibend statt bewertend sprechen. Fokus auf Verhalten, nicht auf Persönlichkeit!

4. **Eltern aktiv einbeziehen**

   - Fragen stellen: „Wie erleben Sie Ihr Kind zu Hause in solchen Situationen?“ „Gibt es Momente, in denen es Ihrem Kind schwerfällt, sich in andere hineinzuversetzen?“ „Wie reagieren Sie, wenn Ihr Kind sich verletzt oder abgelehnt fühlt?“
   - Offenheit fördern, nicht belehren.

5. **Systemische Muster behutsam ansprechen**

   Wenn du Hinweise auf Überforderung, Projektion oder übermäßige Idealisierung erkennst:

   „Manchmal tragen Kinder innere Belastungen, wenn sie sehr stark Erwartungen erfüllen möchten. Haben Sie den Eindruck, dass Ihr Kind sich oft beweisen muss“? „Kinder brauchen oft Spiegelung und auch liebevolle Begrenzung, das kann sehr herausfordernd sein.“

6. **Entwicklungsimpulse anbieten**

   - Fördere elterliche Reflexion und Ermutigung, nicht Kritik.
   - Biete kleine Interventionen an:
     - „Geben Sie Ihrem Kind regelmäßig Rückmeldung über Gefühle, nicht nur über Leistung.“
     - „Loben Sie nicht nur Ergebnisse, sondern den Prozess, z. B.: ‚Du hast dir viel Mühe gegeben.‘“
     - „Grenzen und Neinsagen mit liebevoller Konsequenz stärken Orientierung.“

7. **Angebote zur Unterstützung machen**

   - Weitere Gespräche anbieten
   - Förderung im sozialen Lernen vorschlagen
   - Bei Bedarf externe Beratung empfehlen (z. B. Erziehungsberatungsstelle, Kinderpsychotherapie)

Was du vermeiden solltest:

- Eltern etikettieren („Ihr Kind ist narzisstisch.“)
- Schuldzuweisungen („Das kommt aus dem Elternhaus.“)
- Diagnosen stellen, wenn du keine psychotherapeutische Qualifikation hast

- In Konfrontation gehen – nutze Beziehung statt Bewertung

Möglicher Abschluss-Satz
„Ich sehe bei Ihrem Kind ganz viel Potenzial. Und ich glaube, mit Ihrer Unterstützung können wir gemeinsam gute Wege finden, wie es emotional noch stabiler und beziehungsfähiger werden kann."

Hier ist ein praxisnahes Beispiel für ein Elterngespräch zu einem 7-jährigem Kind mit auffälligen Verhaltensweisen, die möglicherweise auf eine narzisstische Prägung hindeuten. Das Gesprächsbeispiel ist in einem achtsamen, nicht pathologisierenden Ton gehalten und soll Vertrauen und Kooperation fördern.

Elterngespräch – ein Beispiel

Kontext: Du bist Lehrkraft, Schulsozialarbeiter:in oder Therapeut:in und führst ein Entwicklungsgespräch mit den Eltern eines 7-jährigen Jungen namens *Leon*.

Beobachtung: Leon zeigt starkes Bedürfnis nach Bewunderung, bricht bei Kritik schnell in Wut aus, dominiert Gruppenspiele, fällt durch mangelnde Empathie auf.

Gesprächseinstieg (Beziehungsaufbau)
Fachkraft: „Vielen Dank, dass Sie heute gekommen sind. Ich freue mich, dass wir gemeinsam auf Leon schauen. Unser Ziel ist es, ihn in seiner Entwicklung bestmöglich zu begleiten und dabei helfen Sie als Eltern enorm."

Beobachtungen beschreiben, ohne Bewertung
Fachkraft: „Leon ist ein sehr lebendiges und ideenreiches Kind. Er hat viele kreative Impulse und kann sich gut durchsetzen. Gleichzeitig ist mir in den letzten Wochen aufgefallen, dass er in Gruppen oft sehr stark den Ton angibt und es ihm manchmal schwerfällt, andere auch zu Wort kommen zu lassen oder Kompromisse zu schließen. In Konfliktsituationen reagiert er sehr intensiv, zum Beispiel, wenn er verliert oder eine Rückmeldung bekommt, die ihm nicht gefällt. Dann zieht er sich zurück, wird wütend oder beschuldigt andere Kinder."

Elternperspektive einbeziehen
Fachkraft: „Wie erleben Sie Leon in solchen Situationen zu Hause? Gibt es da ähnliche Beobachtungen?"

Eltern (hypothetisch): „Ja, das kennen wir. Wenn er bei einem Spiel verliert oder jemand Nein sagt, rastet er schnell aus. Dann schreit er oder sagt: ‚Ihr liebt mich nicht!' Es ist schwer, ihn zu beruhigen."

Verständnis und Einordnung (ohne Diagnose)
Fachkraft: „Das sind natürlich starke Gefühle, die Leon da zeigt und das kann für Kinder in dem Alter auch Teil einer Phase sein. Manchmal beobachten wir aber, dass bestimmte Kinder ein sehr sensibles inneres Selbstwertgefühl haben. Sie brauchen viel Bestätigung, reagieren stark auf Ablehnung und tun sich schwer, ihre Gefühle zu regulieren. Dahinter steckt oft keine Bösartigkeit, sondern eher eine innere Unsicherheit."

Förderimpulse geben
Fachkraft: „Was Kindern in solchen Situationen hilft, ist, dass sie liebevoll begrenzt und emotional gespiegelt werden. Zum Beispiel: ‚Ich sehe, dass du traurig bist, weil du verloren hast. Aber jeder darf mal gewinnen.' Oder: ‚Du bist wertvoll, auch wenn dir gerade etwas nicht gelungen ist.' Solche Botschaften stärken langfristig das Selbstwertgefühl und helfen, Frustration besser auszuhalten."

Sanfter Hinweis auf familiäre Dynamiken
Fachkraft: „Manchmal übernehmen Kinder auch unbewusst Aufgaben oder Rollen, die sie überfordern, z. B. wenn sie besonders stark für Harmonie sorgen oder viel Lob brauchen. Haben Sie das Gefühl, dass Leon manchmal sehr bemüht ist, etwas besonders gut zu machen oder sehr viel Anerkennung braucht?"

(Falls Eltern zustimmen): „Das ist eine große Stärke, aber auch eine Einladung, ihm zu zeigen: Er muss nicht perfekt sein, um geliebt zu werden."

Zusammenarbeit und Unterstützung anbieten
Fachkraft: „Ich möchte Ihnen gerne ein kleines Infoblatt mitgeben, wie man Kinder in ihrem Selbstwert stärken kann. Wenn Sie mögen, können wir in ein paar Wochen noch einmal gemeinsam schauen, wie sich die Dinge entwickelt haben. Ich bin da gern an Ihrer Seite."

Abschluss des Gesprächs
Fachkraft: „Leon hat großes Potenzial. Es geht nicht darum, Fehler zu suchen – sondern gemeinsam Wege zu finden, wie er emotional sicherer und im Miteinander entspannter wird. Vielen Dank für Ihre Offenheit."

Hier ist eine praxisnahe Formulierungshilfe für schwierige Elterngespräche, insbesondere dann, wenn du sensible Themen wie emotionale

Auffälligkeiten, frühe narzisstische Prägungen oder soziale Schwierigkeiten ansprechen möchtest. Diese Formulierungen helfen dir, achtsam, wertschätzend und professionell zu kommunizieren, ohne zu diagnostizieren oder zu konfrontieren.

Allgemeine Gesprächseröffnung

- „Schön, dass Sie da sind, es ist mir wichtig, dass wir gemeinsam auf Ihr Kind schauen."
- „Ich schätze Ihre Bereitschaft zum Gespräch und es zeigt, wie wichtig Ihnen die Entwicklung Ihres Kindes ist."
- „Heute geht es nicht darum, Probleme zu benennen, sondern gemeinsam Entwicklungschancen zu erkennen."

Verhaltensauffälligkeiten beschreiben, ohne Bewertung

- „Mir ist aufgefallen, dass Ihr Kind im Gruppenalltag oft sehr viel Raum einnimmt. Das ist erst mal eine Stärke. Gleichzeitig fällt es ihm schwer, andere Kinder auch mal führen zu lassen."
- „In manchen Situationen reagiert Ihr Kind sehr empfindlich, wenn es Kritik oder Grenzen erlebt. Es wirkt dann schnell verletzt oder wütend."
- „Ihr Kind scheint sehr viel Bestätigung zu brauchen und reagiert spürbar, wenn es diese nicht bekommt."

Sanftes Ansprechen möglicher emotionaler Unsicherheiten

- „Kinder in diesem Alter entwickeln gerade ihr Selbstbild. Manche Kinder wirken dabei sehr selbstsicher, brauchen aber innerlich sehr viel Rückversicherung."
- „Ich habe den Eindruck, dass Ihr Kind sich oft über Leistung oder Anerkennung definiert. Das kann für Kinder auch Druck bedeuten."
- „Es ist gar nicht ungewöhnlich, dass Kinder starke Reaktionen zeigen. Das kann ein Zeichen dafür sein, dass sie innerlich sehr sensibel sind."

Eltern aktiv einbeziehen (statt erklären)

- „Wie erleben Sie Ihr Kind zu Hause in solchen Situationen?"
- „Was hilft Ihrem Kind, sich zu beruhigen, wenn es sich zurückgewiesen fühlt?"
- „Haben Sie den Eindruck, dass es Ihrem Kind schwerfällt, mit Frustration umzugehen?"

Stärkende Entwicklungsideen einbringen

- „Was Ihrem Kind helfen kann, ist, regelmäßig gespiegelt zu bekommen: ‚Du bist wertvoll, unabhängig von Leistung oder Lob.'"

- „Gefühle zu benennen und liebevoll zu begleiten ist gerade sehr unterstützend, zum Beispiel: ‚Du bist wütend, das darfst du sein, aber andere dürfen auch wütend sein.'"
- „Es geht nicht um Perfektion, sondern darum, dass Kinder lernen dürfen, sich selbst auszuhalten, auch mit Fehlern oder Enttäuschungen."

Wenn Eltern defensiv reagieren (Deeskalation)

- „Ich verstehe, dass das ein schwieriges Thema ist und dass das auch viel mit Ihnen macht. Sie kennen Ihr Kind am besten."
- „Ich möchte Sie keinesfalls kritisieren, sondern gemeinsam verstehen, was Ihr Kind braucht."
- „Manchmal geht es im Gespräch nur darum, Beobachtungen zu teilen, nicht darum, ein Urteil zu fällen."

Sensible Übergänge zu tiefergehenden Fragen

- „Haben Sie manchmal das Gefühl, dass Ihr Kind für sich selbst etwas darstellt, was es vielleicht innerlich nicht ganz fühlt?"
- „Kennen Sie Situationen, in denen Ihr Kind besonders stark gefallen oder bewundert werden möchte?"
- „Gibt es in Ihrem Familienleben gerade viel Belastung oder Veränderung, die Ihr Kind spüren könnte?"

Abschlusssätze und Ausblick

- „Ich danke Ihnen für Ihre Offenheit, das zeigt, wie sehr Sie Ihr Kind unterstützen möchten."
- „Wenn Sie mögen, begleite ich Sie und Ihr Kind gern weiter. Wir schauen gemeinsam, was Ihrem Kind guttut."
- „Sie müssen das nicht allein tragen. Es gibt Wege, Kinder in ihrer emotionalen Entwicklung zu stärken, und ich bin gern unterstützend an Ihrer Seite."

Hinweis zur Rolle pädagogischer Fachkräfte

Pädagogische Fachkräfte diagnostizieren nicht, sie beobachten.

Im pädagogischen Alltag geht es nicht darum, eine psychische Störung zu benennen oder eine Diagnose zu stellen. Das ist ausschließlich Aufgabe von Ärzt:innen oder approbierten Therapeut:innen. Unsere Verantwortung liegt darin, Verhaltensweisen wahrzunehmen, einzuordnen und entwicklungsfördernd zu begleiten.

Wenn uns dabei bestimmte Auffälligkeiten häufiger begegnen, wie zum Beispiel emotionale Überreaktionen, starke Selbstbezogenheit oder Schwierigkeiten im sozialen Miteinander, sprechen wir dies offen und respektvoll an. Ziel ist es, im Sinne des Kindes gemeinsam mit den Eltern einen guten Weg zu finden.

Therapeutische Ansätze und Übungen bei Narzissmus mit dem Fokus auf die Kindheit

Zuerst ist die therapeutische Grundhaltung wichtig

Empathie und Geduld: Narzisstische Klienten haben oft eine fragile Selbstwahrnehmung und Angst vor Verletzlichkeit. Sie sollten *nicht bewerten, sondern verstehen:* Narzissmus als Schutzmechanismus begreifen, nicht als reine „Charakterschwäche". Eine *sichere therapeutische Beziehung aufbauen,* indem sie Vertrauen schaffen, damit der Klient emotionale Verletzungen zulassen kann.

Therapeutische Ansätze können *Arbeit mit dem inneren Kind sein.* Deren **Ziel** ist es, sein verletztes inneres Kind wahrzunehmen, zu akzeptieren und zu heilen.

Die Methode könnte eine der geführten Imaginationen sein, um das innere Kind zu kontaktieren und ihm Zuwendung zu schenken.

Des Weiteren ist die *Stärkung des Selbstwertes* wichtig. Dessen Ziel ist es, Selbstakzeptanz und Selbstmitgefühl zu fördern, statt äußerer Bestätigung nachzujagen.

Als Methode können Ressourcenarbeit, positive Affirmationen und Selbstmitgefühls-Übungen angewendet werden.

Das *Aufdecken und Bearbeiten von Kernverletzungen* ist ein weiterer Punkt mit dem Ziel, das Kindheitstraumata und emotionale Vernachlässigung bewusst machen.

Eine Methode könnte die narrative Therapie, systemische Therapie oder Gespräche über frühere Erfahrungen sein.

Die *Unterstützung und Förderung von Empathie* hat das Ziel, einen Perspektivwechsel zu ermöglichen und Beziehungsfähigkeit zu stärken.

Eine weitere Methode könnten Achtsamkeits- und Wahrnehmungsübungen, Rollenspiele und das Training von empathischer Kommunikation sein.

Material 2 zu Kap. 3

Praktische Übungen

Folgende Übungen können helfen

Übung 1: Dulernst, mit dem inneren Kind Kontakt aufzunehmen.

Anleitung: In entspannter Haltung Augen schließen.

Sich vorstellen, zum inneren Kind zu gehen (z. B. in einen sicheren Raum).

Mit dem inneren Kind sprechen: „Ich sehe dich, ich höre dich, du bist wichtig."

Dem inneren Kind liebevolle Worte und Schutz zusprechen.

Übung 2: Selbstmitgefühls-Übung

Anleitung: Hände auf das Herz legen, tief und ruhig atmen.

Sätze wiederholen: „Ich bin genug, so wie ich bin."/„Ich verdiene Liebe und Respekt."

Sich selbst freundlich anschauen (im Spiegel oder innerlich).

Übung 3: Ressourcenstärkung

Anleitung: Liste eigener Stärken und positiver Eigenschaften erstellen.

Erinnerungen an Erfolgserlebnisse sammeln und innerlich verankern.

Diese Ressourcen in herausfordernden Momenten bewusst abrufen.

Diese stärkende Übungen können in die Therapie integriert werden.

Übungen regelmäßig wiederholen und in den therapeutischen Prozess einbetten.

Immer wieder reflektieren, wie der Klient auf Übungen reagiert. Was positiv erlebt wird, sollte mehr unterstützt werden, was negativ erlebt wird, sollte erst mal im Hintergrund stehen. Wichtig ist Geduld zu haben, denn Veränderungen brauchen Zeit.

Geführte Meditation: Kontakt zum inneren Kind

(Dauer ca. 20 min)

Einleitung:

Setze dich bequem hin oder lege dich hin. Schließe deine Augen. Atme tief und ruhig ein und aus. Spüre, wie mit jedem Atemzug Ruhe und Sicherheit in deinen Körper einkehren.

Visualisierung:

Stell dir vor, du gehst einen wunderschönen Weg entlang, vielleicht durch einen Wald oder einen Garten, an dem du dich sicher fühlst. Der Weg führt dich zu einem besonderen Ort – einem sicheren Raum, der nur für dich da ist.

Begegnung:

An diesem Ort sitzt dein inneres Kind. Vielleicht siehst du es vor dir, wie es aussieht, wie alt es ist, wie es sich fühlt. Schau dein inneres Kind liebevoll an.

Sprich leise zu ihm:

„Ich sehe dich. Ich höre dich. Du bist nicht allein."

„Ich bin hier, um dich zu beschützen und zu lieben."

Spüre, wie dein inneres Kind langsam entspannt und dir vertraut.

Zuwendung:

Nimm dein inneres Kind in deine Arme oder halte seine Hand. Sage ihm, dass es okay ist, so zu sein, wie es ist – mit all seinen Gefühlen und Bedürfnissen.

Versprich deinem inneren Kind, dass du dich um es kümmern wirst, dass es immer Schutz und Liebe bei dir finden kann.

Verabschiedung:

Bedanke dich bei deinem inneren Kind für das Vertrauen. Versichere ihm, dass du jederzeit zu ihm zurückkehren kannst.

Langsam verabschiedest du dich, verlässt den sicheren Ort und gehst den Weg zurück, zurück in den Raum, in dem du jetzt bist.

Ausklang:

Nimm einige tiefe Atemzüge, bewege deine Finger und Zehen, und öffne dann langsam deine Augen.

Selbstmitgefühls-Meditation

(Dauer ca. 15 min)

Einleitung:

Finde eine bequeme Sitzposition. Schließe die Augen und atme tief ein und aus.

Körperwahrnehmung:

Spüre deine Atmung, wie die Luft ein- und ausströmt.

Lege, wenn du magst, eine Hand auf dein Herz.

Selbstmitgefühls-Sätze:

Wiederhole innerlich oder leise folgende Sätze:

„Möge ich freundlich zu mir sein."

„Möge ich geduldig mit mir sein."

„Möge ich mich so annehmen, wie ich bin."

„Ich verdiene Liebe und Respekt."

Spüre bei jedem Satz, wie eine warme, liebevolle Energie dein Herz umhüllt.

Visualisierung:

Stell dir vor, du umarmst dich selbst liebevoll oder eine warme, sanfte Lichtenergie fließt in dich hinein und heilt deine inneren Wunden.

Ausklang:

Atme tief ein und aus, bewege sanft Hände und Füße und öffne langsam deine Augen. Nimm die liebevolle Energie mit in deinen Tag.

Nachdem wir nun die frühen Prägungen und Folgen von Narzissmus in der Kindheit verstanden haben, richtet sich unser Blick auf eine besonders herausfordernde Erscheinungsform. Wo leben Narzissten? Wo und wie erkennen wir deren Lebensräume? Was kann ich tun, um mich diesen Lebensräumen zu entziehen?

Versteckter Narzissmus – die stillen Manipulatoren

Versteckter Narzissmus zeigt sich oft subtil und hinter einer Fassade von Fürsorglichkeit, Zurückhaltung oder scheinbarer Bescheidenheit.

Die subtile Maske der Selbstüberschätzung
Nicht jeder Narzisst zeigt sich offen und dominant. Manche Menschen tragen ihren Narzissmus eher verborgen, oft wirken sie schüchtern, unsicher oder sogar selbstkritisch. Doch hinter dieser Fassade steckt häufig dasselbe tiefe Bedürfnis nach Anerkennung und Kontrolle.

Hier erkennst du gegebenenfalls Merkmale von versteckten Narzissten: Sie wirken oft empfindlich, verletzlich und zurückhaltend. Leiden innerlich an Selbstzweifeln, zeigen diese aber selten offen. Oft suchen sie Aufmerksamkeit, wenn sie sie nicht bekommen, suchen sie sie eher durch Selbstmitleid oder Opferrollen. Versteckte Narzisst:innen reagieren mit passiv-aggressivem Verhalten auf Kritik oder Ablehnung. Sie können sehr manipulativ sein, ohne direkt zu konfrontieren.

Sie haben und legen typische Verhaltensweisen an den Tag. Häufige Selbstabwertung, die eigentlich nach Bestätigung ruft. Sie neigen zu übertriebener Empfindlichkeit gegenüber Kritik. Als Machtmittel nutzen sie den Rückzug und das Schweigen. Auch indirekte Schuldzuweisungen und subtile Manipulation finden statt. Sie selbst haben die Schwierigkeit, echte Nähe zuzulassen oder sich verletzlich zu zeigen, weil sie sich so angreifbar machen könnten.

Warum wird versteckter Narzissmus oft schwer erkannt? Narzisstische Menschen verstecken sich hinter „nettem" oder „unsicherem" Verhalten. Betroffene selbst glauben oft, sie seien „anders" oder „schwach". Weil die subtilen Manipulationen nicht leicht greifbar sind und weil der Narzissmus häufig mit Depressionen, Ängsten oder sozialen Ängsten einhergeht.

Wie sollte der Umgang mit verstecktem Narzissmus stattfinden? Zuerst empfehlen wir, klare Grenzen zu bewahren, auch wenn Betroffene „hilfsbedürftig" wirken. Achte auf deine eigene emotionale Balance und lasse dich nicht vereinnahmen. Suche dir bei Bedarf professionelle Unterstützung, um

Dynamiken zu verstehen. Erkenne, dass auch versteckte Narzissten Schutzmechanismen nutzen, die aus Verletzungen entstanden sind.

Besonders herausfordernd ist diese Form des Narzissmus bei Müttern, deren Liebe und Zuneigung häufig an Bedingungen geknüpft sind, ohne dass dies offen ausgesprochen wird. Eine Mutter mit verstecktem narzisstischem Verhalten kann ihre Fürsorge einsetzen, um Kontrolle auszuüben, Erwartungen zu erfüllen oder das eigene Selbstwertgefühl zu sichern. Ihre Liebe wird nicht uneingeschränkt gegeben, sondern ist an „richtige" Leistungen, Gehorsam oder Anpassung gebunden. Diese bedingte Liebe kann das Selbstbild der Kinder nachhaltig prägen und tiefe innere Konflikte sowie Sehnsüchte nach Anerkennung und bedingungsloser Annahme hervorrufen.

In diesem Abschnitt werden wir die Merkmale versteckten Narzissmus bei Müttern genauer beleuchten, die Auswirkungen auf die kindliche Entwicklung verstehen und Strategien für einen bewussten Umgang und mögliche Heilungswege aufzeigen.

Versteckter Narzissmus bei Müttern und wenn Liebe an Bedingungen geknüpft ist

Vielleicht hast du schon einmal das Gefühl gehabt, dass etwas in der Beziehung zu deiner Mutter nicht stimmt, obwohl nach außen alles „normal" oder sogar liebevoll wirkte. Dann könnte es sein, dass du Erfahrungen mit verdecktem oder „verstecktem" Narzissmus gemacht hast.

Was ist versteckter Narzissmus?

Versteckter Narzissmus, auch „vulnerabler" oder „covert" Narzissmus genannt, zeigt sich nicht durch lautstarke Selbstinszenierung oder offene Selbstverliebtheit, wie man es vielleicht aus Filmen kennt. Im Gegenteil, diese Form des Narzissmus wirkt oft bescheiden, sensibel, manchmal sogar selbstaufopfernd. Doch hinter dieser Fassade liegt ein tiefes Bedürfnis nach Kontrolle, Anerkennung und emotionaler Macht.

Wie zeigt sich das bei Müttern?

Bei einer Mutter mit verstecktem Narzissmus ist die Liebe oft nicht bedingungslos. Sie erwartet Dankbarkeit, Anerkennung oder emotionale Abhängigkeit, ohne das offen auszusprechen. Typisch sind Aussagen wie *„Nach allem, was ich für dich getan habe …"* oder *„Ich weiß, was das Beste für dich ist"* sowie *„Ich habe mich doch nur um dich gekümmert."*

Dabei wird subtil Schuld vermittelt, emotionale Nähe mit Bedingungen verknüpft und individuelle Bedürfnisse des Kindes übergangen. Die Mutter erscheint als fürsorglich, doch in Wirklichkeit steht oft ihr eigenes Selbstbild im Vordergrund.

Die Wirkung auf Kinder

Kinder von Müttern mit verdecktem Narzissmus wachsen häufig mit einem Gefühl von Schuld, Verwirrung und innerer Unsicherheit auf. Sie zweifeln an ihren eigenen Wahrnehmungen, fragen sich ständig, ob sie genug tun, oder überhaupt genug sind. Häufig entwickeln sie ein starkes Harmoniebedürfnis, ein überangepasstes Verhalten und haben Schwierigkeiten, gesunde Grenzen zu setzen.

Warum ist das so schwer zu erkennen?

Weil es keine eindeutigen, sichtbaren Übergriffe gibt. Keine offensichtliche Gewalt, kein Geschrei. Stattdessen wirken solche Mütter nach außen oft perfekt, als „aufopfernde Mutter", als „beste Freundin" des Kindes oder als „Kümmerin". Das macht es so schwer, das eigentliche Muster zu erkennen und noch schwerer, es auszusprechen.

Ein erster Schritt auf dem Weg zur Heilung könnte das Erkennen und Benennen dieser Dynamik sein, ohne Schuldzuweisungen, aber mit Klarheit. Der zweite Schritt ist die innere Abgrenzung: zu lernen, dass du das Recht hast, eigene Gefühle, Bedürfnisse und Lebensentscheidungen zu haben, unabhängig davon, wie deine Mutter reagiert. Psychotherapeutische Begleitung, Innere-Kind-Arbeit oder auch Hypnose und Meditation können hier sehr heilsam sein.

Wenn du dich in diesen Worten wiedererkennst, möchte ich dir sagen:

„Du bist nicht allein und es ist möglich, dich zu lösen, in Liebe zu dir selbst."

Material 3 zu Kap. 3

Hier ein paar Übungen und konkrete Schritte zur emotionalen Abgrenzung und Selbstheilung:

Mache dir zuerst bewusst und akzeptiere deinen momentanen Zustand. Erkenne, dass deine Gefühle und Bedürfnisse genauso wichtig sind wie die der Mutter. Akzeptiere, dass die bedingte Liebe nicht deine Schuld ist, sondern ein Ausdruck ihrer eigenen Verletzungen.

Als Nächstes kannst du Grenzen setzen. Definiere klar, welche Verhaltensweisen du nicht akzeptierst (z. B. Schuldzuweisungen, Manipulationen, Kritik). Übe, diese Grenzen ruhig und bestimmt zu kommunizieren, auch wenn es unangenehm ist. Schütze dich emotional, indem du dich aus Gesprächen zurückziehst, wenn sie toxisch werden.

Stärke deine innere Haltung, indem du eine liebevolle innere Stimme entwickelst, die dich unterstützt und tröstet. Nutze Affirmationen wie „Ich bin wertvoll, so wie ich bin" oder „Ich verdiene bedingungslose Liebe." Praktiziere regelmäßige Selbstfürsorge und Achtsamkeit.

Schaffe dir Distanz und reduziere wenn möglich den Kontakt zu der Mutter, besonders in emotional belastenden Situationen. Suche dir unterstützende soziale Netzwerke, Freunde oder therapeutische Begleitung.

Denke an deine Gefühle. Du kannst sie zulassen und ausdrücken. Erlaube dir, Wut, Trauer, Enttäuschung und Angst bewusst zu fühlen. Finde gesunde Ausdrucksformen, z. B. Tagebuch schreiben, kreative Aktivitäten oder Gespräche mit Vertrauenspersonen.

Du kannst deine Selbstheilung fördern. Arbeite an der Verarbeitung deiner Kindheitserfahrungen, z. B. durch Therapie oder therapeutische Gruppenarbeit. Entwickle neue Glaubenssätze und erlerne positive Beziehungsmuster. Pflege Rituale, die dir Sicherheit und Geborgenheit schenken.

Vergebe dir selbst, wenn du dazu bereit bist. Vergebung bedeutet nicht, das Verhalten gutzuheißen, sondern dich selbst von der Last der negativen Gefühle zu befreien. Gehe diesen Schritt in deinem eigenen Tempo, ohne Druck.

Diese Schritte können dir helfen, dich emotional abzugrenzen, deine Selbstheilung zu unterstützen und deinen eigenen Weg zu mehr Freiheit und innerem Frieden zu finden.

Anleitung zur Nutzung des Arbeitsblatts „Emotionale Abgrenzung und Selbstheilung"

1. **Nimm dir bewusst Zeit für dich**
   Suche dir einen ruhigen Ort und plane mindestens 30–60 min ein, um in Ruhe an den Fragen zu arbeiten. Du kannst das Arbeitsblatt an einem Stück ausfüllen oder in mehreren Etappen.
2. **Sei ehrlich und achtsam mit dir selbst**
   Schreibe spontan und offen, was dir in den Sinn kommt. Es gibt keine richtigen oder falschen Antworten, nur deine persönliche Wahrheit.
3. **Atme zwischendurch bewusst**
   Wenn Gefühle hochkommen, nimm dir eine kurze Pause, atme tief durch und kehre dann mit sanfter Neugier zum Arbeitsblatt zurück.
4. **Nimm dir Zeit für Reflexion**
   Lies am Ende deine Antworten noch einmal durch und reflektiere, was dir besonders wichtig erscheint und wo du erste Schritte zur Veränderung sehen kannst.
5. **Suche dir Unterstützung, wenn nötig**
   Manchmal ist es hilfreich, die Erkenntnisse mit einer vertrauten Person oder Therapeut:in zu besprechen. Du bist nicht allein.
6. **Setze kleine Ziele**
   Wähle aus den Antworten einige konkrete Schritte aus, die du im Alltag umsetzen möchtest, und beobachte, wie sie deine emotionale Abgrenzung und Heilung fördern.

Arbeitsblatt: Emotionale Abgrenzung und Selbstheilung

Schritt 1: Bewusstwerdung

- Welche Gefühle empfinde ich, wenn ich an meine Mutter / diese Beziehung denke?
- Welche meiner Bedürfnisse wurden in der Beziehung nicht erfüllt?

Schritt 2: Grenzen setzen

- Welche Verhaltensweisen möchte ich in Zukunft nicht mehr akzeptieren?
- Wie kann ich meine Grenzen klar und ruhig ausdrücken? Formuliere einen Satz:

Schritt 3: Innere Haltung stärken

- Welche positiven Affirmationen kann ich mir täglich sagen, um mich zu stärken?
- Welche Selbstfürsorge-Rituale möchte ich in meinen Alltag integrieren?

Schritt 4: Distanz schaffen

- In welchen Situationen oder Gesprächen fühle ich mich besonders belastet?
- Wie kann ich mich in diesen Situationen schützen oder zurückziehen?

Schritt 5: Gefühle zulassen und ausdrücken

- Welche Gefühle habe ich bisher unterdrückt?
- Wie kann ich diese Gefühle gesund ausdrücken (z. B. Schreiben, Malen, Sprechen)?

Schritt 6: Selbstheilung fördern

- Welche Unterstützung möchte ich mir holen (z. B. Therapeut:in, Selbsthilfegruppe)?
- Welche Glaubenssätze über mich selbst möchte ich verändern?

Schritt 7: Vergebung (optional)

- Was würde mir helfen, mich von belastenden Gefühlen zu lösen?
- Bin ich bereit, mir selbst und/oder meiner Mutter zu vergeben? Warum oder warum nicht?

Reflexion für dich selbst oder auch mit deinem Therapeuten

Welche Schritte fallen mir leicht, welche schwer?

Versteckter Narzissmus, auch „vulnerabler" oder „sensitiver" Narzissmus genannt, äußert sich nicht laut, dominant oder offen grandios, sondern subtil, emotional manipulierend und oft von Selbstmitleid begleitet. In verschiedenen sozialen Rollen kann sich versteckter Narzissmus sehr unterschiedlich zeigen und bleibt dadurch oft lange unerkannt.

Weiterführende Übersicht zum versteckten Narzissmus

Versteckter Narzissmus in der Familie *(außerhalb der Mutterrolle):* Wir finden **Väter (vermeidend, passiv-manipulativ):** Sie wirken hilflos, schwach oder chronisch gekränkt, binden Kinder emotional durch Mitleid oder Abwertung der Mutter. Zum Beispiel mit den Satz: „Ich habe alles geopfert und niemand sieht es." Dieser Satz kann Kinder subtil gegen andere Familienmitglieder instrumentalisieren. *Therapeutisch relevant*: Rollenverwirrung, parentifizierte Kinder, emotionale Schuldbindung.

Geschwister (verdeckte Rivalität, Opferhaltung): Sie überhöhen sich durch vermeintliche Bescheidenheit („Ich will ja gar nichts, ich halte nur alles aus"), während sie Neid und Groll hegen. Geschwister, die narzisstisch sind, können ständig Anerkennung fordern, während sie andere als undankbar darstellen. Hilfreich könnte das Vermeiden direkter Konfrontation sein, dann ziehen sie sich schmollend zurück.

Großeltern (idealisierend-abwertend, verdeckte Loyalitätsbindung): Sie beeinflussen Enkel:innen durch manipulative Hilfsangebote oder das Aussenden subtiler Schuldgefühle. „Ich bin ja immer für dich da, während deine Eltern …" Fordern emotionale Exklusivität, oft unter dem Deckmantel der Fürsorge, ein.

Versteckter Narzissmus findet auch im Beruf statt. Du findest Narzisst:innen unter Kolleg:innen (empfindlich, verdeckt kontrollierend): Sie leisten scheinbar viel, aber betonen ständig ihre Überlastung oder Missachtung. Sie nehmen Rückmeldungen persönlich, wirken beleidigt oder ziehen sich zurück, bis andere Schuldgefühle entwickeln. Gern erzeugen sie emotionale Spannungen im Team, ohne offen Stellung zu beziehen. „Ich habe das alles allein geschafft, wie immer, aber das sieht ja niemand …"

Vorgesetzte (unsicher, passiv-aggressiv): Die sogenannten Chefs, auch da findet man Narzisst:innen. Sie führen durch emotionale Unklarheit, vermeiden Verantwortung, äußern Kritik indirekt. Sie lassen Mitarbeiter:innen „ins Leere laufen", reagieren auf Kritik mit Rückzug oder subtilem Machtmissbrauch („Schade, dass du mich so siehst …"). Gern fordern sie Loyalität und Dankbarkeit, geben aber wenig zurück.

Versteckter Narzissmus in Partnerschaften: Hier überhöhen sie sich als leidende, gebende Person („Ich tue doch alles für dich …"), fordern dadurch subtile Abhängigkeit. Reagieren empfindlich auf Kritik, ohne offen zu streiten, sondern mit Rückzug, Kränkungsinszenierung oder emotionaler Erpressung. Beziehungspartner:innen werden durch permanente Schuldgefühle gebunden („Wenn du mich wirklich lieben würdest, würdest du …"). Sie erleben sich als „verkannt“ oder „nicht gesehen“, obwohl sie wenig emotionalen Raum geben.

Versteckter Narzissmus im sozialen Umfeld (z. B. Freundeskreis, Ehrenamt): Du findest sie unter den stillen Helden, Märtyrer:innen oder „alleinigen Wahrheitsträgern“. Kritik wird als „Angriff“ wahrgenommen, Rückzug oder passiv-aggressive Reaktionen folgen. Sie sind oft gekränkt, wenn andere nicht spuren, äußern das aber als „Enttäuschung“ statt Wut. Sie leben mit und brauchen Bewunderung, aber lehnen sie vermeintlich „bescheiden“ ab.

Das Besondere bei verstecktem Narzissmus ist, dass er schwer zu erkennen ist, weil er sich oft als Empath tarnt („Ich leide ja so mit“) oder sich als selbstkritisch inszeniert („Ich bin ja sowieso nie gut genug“), was bei anderen Menschen oft Mitgefühl weckt, gerade bei den wirklichen Empathen. Er ist auch schwer zu erkennen, wenn er andere in die Retterrolle zwingt und dadurch Abhängigkeit schafft.

Therapeutische Hinweise

Die verdeckten Narzissten leiden oft selbst unter ihrem inneren Mangel und kompensieren ihn durch emotionale Kontrolle. In Beziehungen erzeugen sie hohe emotionale Komplexität, besonders bei Co-Abhängigen oder Helferpersönlichkeiten.

Ziel in der Begleitung wäre: Grenzen klären, Schuldverstrickungen lösen, echte Autonomie fördern.

Arbeitsblatt: Verdeckten Narzissmus erkennen, subtile Dynamiken verstehen

Dieses Arbeitsblatt unterstützt dich dabei, verdeckten (versteckten) Narzissmus in Beziehungen zu erkennen. Es richtet sich an Menschen, die sich oft in Beziehungen mit emotionaler Unsicherheit, Schuldgefühlen und subtiler Kontrolle wiederfinden, sei es im familiären, beruflichen oder partnerschaftlichen Kontext.

1. Beobachtungsfragen – Woran erkenne ich verdeckten Narzissmus? Kreuze an, was du beobachtet hast, bezogen auf eine konkrete Person (oder mehrere):

Verhalten/Dynamik	Ja	Nein	Unsicher
Die Person inszeniert sich oft als missverstanden oder ungerecht behandelt.	□	□	□
Kritik wird sehr persönlich genommen und führt zu Rückzug oder Schweigen.	□	□	□
Ich fühle mich oft schuldig, obwohl ich sachlich oder freundlich war.	□	□	□
Die Person spricht oft über eigene Leistungen – aber subtil („Ich wollte ja nicht, aber …").	□	□	□
Sie vermeidet offene Konflikte, aber sendet unterschwellige Botschaften (z. B. Schmollen, Ironie).	□	□	□
Ich spüre emotionalen Druck, es „richtig" machen zu müssen, obwohl nichts klar gesagt wird.	□	□	□
In ihrer Nähe habe ich das Gefühl, mich ständig rechtfertigen zu müssen.	□	□	□
Die Person wirkt äußerlich empathisch, aber ich fühle mich oft emotional ausgelaugt.	□	□	□

2. Reflexion: Wie wirkt diese Dynamik auf mich?
Beantworte die folgenden Fragen schriftlich für dich:

- Welche Gefühle tauchen bei mir auf, wenn ich mit dieser Person zusammen bin?
- Habe ich das Bedürfnis, mich zu erklären, zu entschuldigen oder „lieber nichts Falsches zu sagen"?
- Erlebe ich emotionale Nähe oder eher Unsicherheit, Mitleid, Erschöpfung?
- Habe ich das Gefühl, *gebraucht* zu werden oder *gesehen* zu werden?

3. Dynamische Muster verstehen – typisches Wechselspiel

Person mit verdecktem Narzissmus	Deine mögliche Reaktion
Rückzug, Schweigen, Enttäuschung äußern	Du willst „es wiedergutmachen"
Selbstmitleid, Hilflosigkeit	Du springst in die Helferrolle
Andeutungen statt Klarheit	Du versuchst, zwischen den Zeilen zu lesen
Betonung der eigenen Bescheidenheit	Du lobst oder stärkst, obwohl du dich selbst schwach fühlst

Welche dieser Dynamiken kennst du? Notiere sie.

4. Erste Schritte zum Selbstschutz

Ich darf mich abgrenzen, auch wenn das mein Gegenüber verletzt.

Ich bin nicht verantwortlich für das Selbstwertgefühl anderer.

Ich kann Klarheit einfordern, statt auf Andeutungen zu reagieren.

Ich darf mich emotional schützen, ohne mich schuldig zu fühlen.

Ich darf erkennen: *Subtile Kontrolle ist auch Kontrolle.*

5. Abschlussimpuls: Dein Leitsatz

Formuliere einen Satz, der dich im Kontakt mit verdecktem Narzissmus stärkt:

> **Hinweis**
>
> *„Ich darf ..."/„Ich erkenne ..."/„Ich wähle ..."*
> **Beispiel: „Ich wähle Beziehungen, in denen ich echt sein darf, nicht nur nützlich."**

Wir betrachten ein Fallbeispiel von Thomas, dem hilfsbereiten und lieben Menschen, dem versteckten (vulnerablen) Narzissten

Thomas ist 42 Jahre alt, arbeitet im sozialen Bereich und gilt in seinem Umfeld als sehr zuverlässig, ruhig und ungewöhnlich aufmerksam. Kolleginnen beschreiben ihn als jemanden, der „immer zuerst an die anderen denkt". In seiner Partnerschaft wirkt er verständnisvoll, bedächtig und bei Konflikten selten laut. Doch hinter dieser Fassade zeigt sich ein komplexes Muster, das typisch für den versteckten (vulnerablen) Narzissmus ist. Diese eine Form, die weniger ins Auge fällt, aber für Betroffene im Umfeld hoch belastend sein kann.

Als Thomas seine Partnerin Lea kennenlernt, beeindruckt er sie durch sein sensibles Auftreten. Er hört zu, fragt nach Details, erinnert sich an Kleinigkeiten. Für Lea, die selbst aus einer unsicheren Beziehung kommt, fühlt es sich an, als hätte sie endlich jemanden gefunden, der sie „wirklich sieht". Doch bereits nach einigen Monaten zeigen sich subtile Dynamiken. Thomas zieht sich bei kleinster Kritik zurück. Er reagiert verletzt oder schweigt tage- bis wochenlang, wenn Lea Wünsche äußert. Er selbst beschreibt sich als „missverstanden" oder „nicht gut genug für sie". Thomas erwartet Dankbarkeit, wenn er kleine Gefälligkeiten erledigt, jedoch nie direkt, sondern in Andeutungen und Unmut. Außenstehende nehmen Thomas weiterhin als freundlich wahr. Seine Verletzlichkeit macht es Lea schwer, Grenzen zu setzen, denn jedes klare Wort scheint ihn zu „zerbrechen".

Damit beginnt ein langsamer versteckter Narzissmus, eine tiefe, innere Kränkbarkeit, die mit verdeckten Erwartungen, subtilem Druck und emotionaler Rückzugskontrolle kombiniert ist. Im Gegensatz zum grandiosen Narzissmus zeigt Thomas selten offene Arroganz. Seine Form der Selbstzentrierung äußert sich in sehr verdeckter Form, indem er das Machtinstrument „Selbstmitleid" nutzt. Wenn Lea Grenzen setzt, sagt Thomas: *„Dann bin ich vielleicht einfach nicht der Richtige für dich"* oder *„Ich wusste, dass ich irgendwann wieder enttäuschen werde."* Das löst in Lea Schuldgefühle aus, die sie emotional binden und verunsichern. Man nennt dies auch passiv-aggressive Rückzugsstrategien. Anstatt Konflikte anzusprechen, lässt Thomas sie „verhungern". Er schweigt, signalisiert Enttäuschung und zwingt Lea zur „emotionalen Einsicht", sodass sie um Entschuldigung bittet und auf ihn zugeht.

Thomas betont immer wieder, wie viel er für andere tue und wie wenig er zurückbekomme. Dadurch stellt er sich selbst als Opfer dar. Das ist eine typische Strategie des vulnerablen Narzissmus. Ein verdecktes Anspruchsdenken, denn obwohl er sich bescheiden gibt, erwartet Thomas Bestätigung, Fürsorge und Bewunderung. Wird das nicht erfüllt, fühlt er sich schnell abgewertet oder verlassen.

Ein unsichtbares Drama, denn therapeutisch betrachtet steckt hinter Thomas' Verhalten ein fragiles Selbstwertgefühl, das an äußere Bestätigung gebunden ist. Gibt es etwas Kritik oder auch nur eine neutrale Aussage, erlebt Thomas eine überempfindliche Reaktion und fühlt sich tief gekränkt. Eine tiefe innere Leere, die er durch Hilfsbereitschaft und moralische Überlegenheit kompensiert. Oft geschieht das aus frühen Bindungserfahrungen ohne sichere emotionale Spiegelung – ein internalisiertes Schamgefühl.

Versteckter Narzissmus ist deshalb besonders komplex, weil das Selbstbild nicht grandios wirkt, sondern verletzlich, bedürftig, „sensibel". Doch hinter dieser Sensibilität kann sich dieselbe Selbstfokussierung und derselbe Anspruch verbergen wie bei der grandiosen Form, nur eben verdeckt und emotional-intellektuell eingebettet.

Je unsicherer Lea durch die ständigen Rückzüge und die Schuldumkehr wird, desto abhängiger wird sie von Thomas' „Zustimmung". Für sie fühlt es sich an, als würde sie ständig gegen seine Stille, seine Kränkungen und seine unterschwelligen Erwartungen ankämpfen.

Sie beschreibt es später in der Therapie: *„Ich wusste nie, woran ich war. Er war nicht böse, aber er war still. Und genau das hat mich fertig gemacht."*

Der Kern des versteckten Narzissmus zeigt sich deutlich: Nicht der Angriff zerstört die Beziehung, sondern die permanente subtile Selbstzentrierung, die anderen die Verantwortung für Stabilität überlässt.

Versteckten Narzissmus erkennen

1. Hohe Kränkbarkeit bei scheinbar sensiblen, hilfsbereiten Personen
2. Selbstwertregulation über Opferrollen und subtile Verantwortungsverschiebung
3. Emotionale Sogwirkung, die Partner:innen in Schuldgefühle führt
4. Geringe Konflikttoleranz und Rückzugsmanöver
5. Innere Dissoziation eigener narzisstischer Bedürfnisse („Ich bin doch nur zu nett")
6. Verdeckte Erwartung von Bewunderung, nur anders codiert als beim offensiven Typ

Diese Muster sind so schwer zu erkennen, dass Thomas' Verhalten nicht toxisch im klassischen Sinn wirkt. Er brüllt nicht, erniedrigt nicht offen. Vielmehr sind es kleine Enttäuschungen von seelischer Kälte, subtiler Rückzug, verdeckte Vorwürfe, moralische Überlegenheit, emotionaler Druck in Form von Selbstmitleid. Diese Form der Dynamik ist für Betroffene hoch belastend, oft sogar traumatisierend, weil sie über lange Zeit nicht benannt werden kann.

Thomas zeigt ein klassisches Muster des versteckten, vulnerablen Narzissmus. Ein fragiles, kränkbares Selbst, das hinter Hilfsbereitschaft und Sensibilität verdeckt ist, aber dennoch dieselbe dysfunktionale Selbstfokussierung aufweist wie der offensivere Typ. Für Therapeut:innen ist das frühzeitige Erkennen dieser subtilen Manipulations- und Selbstwertregulationsstrategien entscheidend, um Betroffene zu stabilisieren und die Dynamik verständlich zu machen.

Wir haben nun die komplexe und oft schwer zu durchschauende Welt des versteckten Narzissmus erkundet. Diese stillen Manipulatoren agieren subtil, hinter einer Fassade aus Zurückhaltung und scheinbarer Bescheidenheit, was ihre Erkennung besonders herausfordernd macht. Die verborgenen Dynamiken beeinflussen nicht nur ihr eigenes Verhalten, sondern wirken sich auch tief auf ihr Umfeld aus.

4

Lebensräume der Narzissten – Wo sie besonders häufig auftreten

Narzisstische Persönlichkeitsstrukturen entfalten sich nicht isoliert, sondern immer im Kontext bestimmter Lebensräume und sozialer Umfelder. Die Umgebung, in der sich eine narzisstische Persönlichkeit bewegt, prägt ihr Verhalten und die Dynamiken, die sich daraus ergeben. Gleichzeitig suchen Narzissten oft gezielt Lebensbereiche auf, in denen sie ihre Bedürfnisse nach Bewunderung, Kontrolle und Bestätigung besonders gut erfüllen können. Narzissten sind keine Randerscheinung. Sie finden sich in vielen gesellschaftlichen, beruflichen und familiären Kontexten, oft an Schlüsselpositionen. Dieses Kapitel zeigt, wo narzisstisches Verhalten besonders gedeiht und warum. Wir widmen uns den vier zentralen Lebensbereichen, in denen narzisstische Menschen besonders häufig anzutreffen sind und in denen ihre Verhaltensmuster starke Auswirkungen auf andere haben können.

Vier zentrale Lebensbereiche

Familie und Partnerschaft
Beruf und Arbeitswelt
Soziale Netzwerke und Freundeskreis
Innerer Raum

Das Verständnis dieser Lebensräume ist essenziell, um die unterschiedlichen Facetten narzisstischen Verhaltens zu erkennen und die damit verbundenen Herausforderungen in den jeweiligen Kontexten besser zu bewältigen. Dieses

A. Lange-Weihs, *Ich sehe dich nicht*, https://doi.org/10.1007/978-3-662-73755-2_4

Wissen unterstützt sowohl Betroffene als auch Fachleute darin, narzisstische Dynamiken frühzeitig zu identifizieren und angemessen darauf zu reagieren.

Narzisstische Menschen in den vier zentralen Lebensbereichen bzw. Lebensräumen

Diese vier Lebensräume stammen aus psychologischen und systemischen Konzepten und werden häufig wie folgt gegliedert:

1. **Der private Raum (Familie und Partnerschaft)**
2. **Der soziale Raum (Freunde, Bekannte, Öffentlichkeit)**
3. **Der berufliche Raum (Arbeit, Karriere, Macht)**
4. **Der innere Raum (Selbstbild, Selbstreflexion)**

Narzissmus ist kein starres Konzept, sondern ein Persönlichkeitsmuster, das sich je nach Kontext sehr unterschiedlich zeigen kann. Besonders spannend wird es, wenn wir das Verhalten narzisstischer Menschen in den vier zentralen Lebensräumen betrachten. Denn jeder dieser Räume erlaubt oder erfordert eine andere Rolle.

Narzissten gedeihen in und bevorzugen Räume, in denen sie mit Leistung oder Macht als wertvoll gelten, Kontrolle über andere leicht auszuüben ist und Empathie als Schwäche angesehen wird. Kritik ist nicht willkommen.

Der private Raum bei Familie und Partnerschaft

Hier manifestieren sich narzisstische Dynamiken oft besonders intensiv, da Nähe, Abhängigkeiten und emotionale Bindungen besonders stark sind. Die Rollenverteilung, Machtspiele und manipulativen Verhaltensweisen in diesen Beziehungen prägen das emotionale Klima maßgeblich.

Hier zeigen Narzissten oft ihr wahres Gesicht, denn hier sind sie nicht mehr im Rampenlicht der Öffentlichkeit, sondern in ihrem kontrollierten Territorium. Ihr typisches Verhalten findet unter emotionaler Manipulation, Schuldumkehr und Gaslighting statt. Sie üben Kontrolle über Partner:in oder Kinder aus, oft durch subtile Dominanz. Sie hegen kein echtes Interesse an den Gefühlen oder Bedürfnissen der anderen. Ihre häufigen Rollen sind der „Retter", das „Opfer" oder das „unverstandenes Genie". In Familiensystemen findest du sie mit Schweigegeboten (Abwerten durch Nichtbeachtung oder Nichtreden), Tabus oder patriarchalen Strukturen.

In „Fassadenfamilien“, ist der äußere Schein oft wichtiger als Authentizität. Der narzisstische Mensch braucht hier vor allem eins: die emotionale Kontrolle. Und wenn andere sich entziehen oder Grenzen setzen, reagiert er oft mit Rückzug, Schweigen oder Wutausbrüchen.

Der soziale Raum mit Freunden, Bekannten und der Öffentlichkeit

Auch im sozialen Umfeld suchen Narzissten Bestätigung und Aufmerksamkeit. Hier kann es zu oberflächlichen Kontakten, Konkurrenzkämpfen oder gezielter Manipulation kommen, um das eigene Bild zu pflegen. In der Öffentlichkeit zeigen sich Narzissten meist charmant, erfolgreich, hilfsbereit oder besonders sensibel. Ihr typisches Verhalten sind scheinbare Großzügigkeit, um Bewunderung zu erhalten. Sie lieben ein gutes Image und das ist wichtiger als echte Verbindung. Sie haben eine geringe Belastbarkeit bei Kritik oder Zurückweisung, ihre Frustrationstoleranz liegt weit unten. Beziehungen werden häufig als Mittel zum Zweck genutzt. In Gruppen mit starker Hierarchie oder Verehrung findet man sie als eine Leitfigur. Ebenso findet man sie in Netzwerken mit hohem Konkurrenzdruck und in romantischen Beziehungen, wo emotionale Abhängigkeiten leicht entstehen.

Hier geht es vor allem um Selbstdarstellung und Bestätigung. Der Narzisst sucht nach Spiegeln, die sein grandioses Selbstbild bestätigen. Oberflächliche Bindungen sind häufig, tiefe emotionale Nähe eher selten.

Im beruflichen Raum bei der Arbeit und Karriere

Narzissten suchen häufig Positionen und Rollen, die ihnen Status, Anerkennung und Einfluss sichern. Im Arbeitsumfeld zeigen sich ihre Strategien zur Selbstinszenierung, ihr Konkurrenzverhalten und oft auch der Mangel an echter Empathie gegenüber Kolleg:innen und Mitarbeiter:innen. Manche Narzissten nutzen öffentliche Auftritte, soziale Medien oder andere Plattformen, um ihre Grandiosität auszuleben und Bewunderung zu generieren. Hier wird die narzisstische Inszenierung oft besonders sichtbar und beeinflusst das Image nach außen. Hier glänzt der Narzisst häufig, zumindest auf den ersten Blick, und typisches Verhalten ist übermäßiger Ehrgeiz, Geltungssucht, Machtstreben und Konkurrenzdenken statt Teamarbeit.

- Ausnutzung von Kolleg:innen für eigene Zwecke, um weniger arbeiten zu müssen. Sehr empfindlich bei Vorgesetzten, aber kontrollierend gegenüber Untergebenen.
- Führungsetagen und Machtpositionen: Hier können Narzissten Kontrolle und Status erlangen.

In der Medien- und Showbranche dreht es sich um Sichtbarkeit und Bewunderung, das sind deren zentrale Motive. In der Politik und auch Spiritualität, obwohl sehr konträr, gibt es doch beste Möglichkeiten zur Idealisierung und zur Manipulation. So findet man sie auch in religiösen Bereichen.

In der Selbstständigkeit und im Unternehmertum finden Kontrolle, Unabhängigkeit und keine Anerkennung statt.

In diesem Raum geht es um Status, Einfluss und Kontrolle über Strukturen. Narzisstische Menschen sind oft dort zu finden, wo sie Anerkennung, Titel oder Macht bekommen, wie in Führungspositionen, im Rampenlicht oder an Orten, wo andere von ihnen abhängig sind.

Im inneren Raum des Selbstbildes, der Selbstreflexion und Spiritualität

Dieser Raum ist für Narzissten der schwierigste, denn er konfrontiert sie mit sich selbst. Der „innere Raum" umfasst unsere tiefste innere Welt: unser Selbstbild, die Fähigkeit zur Selbstreflexion und oft auch unsere spirituelle Dimension. Für viele Menschen ist dies ein Ort des Wachstums, der Heilung und der inneren Ruhe. Für Narzissten jedoch stellt dieser Raum eine besonders große Herausforderung dar. Warum? Narzissten bauen ihr Selbstwertgefühl häufig auf äußeren Faktoren wie Anerkennung, Kontrolle oder Bewunderung auf. Der innere Raum fordert sie dazu auf, sich mit sich selbst jenseits dieser äußeren Masken auseinanderzusetzen. Sie werden mit dem konfrontiert, was sie oft am meisten fürchten: die Unvollkommenheit, Verletzlichkeit und Unsicherheit, kurzum: das wahre Selbst.

Selbstreflexion bedeutet, ehrlich hinzuschauen, innere Motive zu erkennen, eigene Schwächen anzunehmen und Verantwortung für die eigene Entwicklung zu übernehmen. Doch genau das fällt Narzissten schwer, weil es das Bild der Grandiosität und Selbstkontrolle gefährden kann. Stattdessen neigen sie dazu, diesen Raum zu meiden, zu verleugnen oder mit Abwehrmechanismen zu füllen.

Diese Dimension, die Suche nach Sinn, Verbundenheit und innerem Frieden, bleibt oft unausgeschöpft oder wird durch oberflächliche Selbstdarstellung ersetzt. Echter innerer Frieden verlangt Demut und Offenheit, Qualitäten, die im narzisstischen Schutzschild nur schwer Platz finden. Der innere Raum ist somit für Narzissten zugleich ein Ort der größten Angst und der größten Chance. Wer den Mut findet, sich diesem Raum zu öffnen, kann beginnen, die Fassade zu durchbrechen, die wahren Bedürfnisse zu entdecken und einen authentischeren, heilsameren Weg zu sich selbst einzuschlagen.

In den inneren Gefühlen und dem typischen Verhalten von Narzissten findet man fehlende oder verzerrte Selbstreflexion. Entweder vollständige Ablehnung von Schuld oder ein überhöhtes Märtyrer-Selbstbild oder das innere Selbst wird manchmal auch genutzt, um sich als „besonders" oder „erleuchtet" zu inszenieren. Echte Reue oder Empathie sind kaum spürbar und meist nur gespielt, eine aufgesetzte Maske.

Im inneren Raum herrscht oft eine große Leere, die mit Selbstinszenierung, Projektionen oder Masken überdeckt wird. Wer dem Narzissten hier begegnet, etwa in therapeutischen Prozessen, erlebt oft Abwehr, Schuldverschiebung oder völlige Verweigerung. Der Narzisst passt sich seinem Umfeld an, aber nicht im Sinne echter Verbindung, sondern zur Erhaltung seines Selbstbildes und seiner Kontrolle. Was in der Öffentlichkeit charmant wirkt, kann im Privaten zerstörerisch sein. Und was im Beruf erfolgreich erscheint, kann im Inneren auf einem fragilen Fundament stehen.

Der innere Raum, geprägt von Selbstbild, Selbstreflexion und Spiritualität, ist für Narzissten oft der schwierigste Bereich, weil er sie unweigerlich mit ihrer wahren Selbstwahrnehmung konfrontiert. Dieses Auseinandersetzen birgt großes Potenzial für Wachstum, wird jedoch häufig durch Abwehrmechanismen blockiert.

Hier noch ein paar praktische Tipps zum Erkennen von narzisstischen Personen

Übermäßiges Bedürfnis nach Bewunderung: Narzissten suchen ständig nach Anerkennung und Lob. Sie erzählen gerne von ihren Erfolgen und erwarten, dass andere sie bewundern.

Mangel an Empathie: Sie zeigen wenig Verständnis für die Gefühle und Bedürfnisse anderer. Oft wirken sie kalt oder gleichgültig, wenn jemand in ihrer Nähe leidet.

Übertriebene Selbstinszenierung: Narzissten präsentieren sich gerne als besonders wichtig, talentiert oder einzigartig. Ihre Selbstdarstellung ist oft übertrieben und wenig authentisch.

Manipulatives Verhalten: Sie nutzen andere Menschen, um ihre eigenen Ziele zu erreichen. Dabei können sie charmant und überzeugend wirken, aber auch hinterhältig und kontrollierend.

Schwierigkeiten mit Kritik: Narzissten reagieren oft empfindlich oder aggressiv auf Kritik. Sie können sie nicht gut annehmen und drehen Situationen häufig so, dass sie selbst im Recht sind.

Grenzüberschreitungen: Sie respektieren persönliche Grenzen anderer selten und versuchen oft, ihren Willen durchzusetzen, sei es emotional, verbal oder sogar körperlich.

Starkes Bedürfnis nach Kontrolle: Narzissten wollen Situationen und Menschen kontrollieren, um ihre Machtposition zu sichern und sich sicher zu fühlen.

Zwischenmenschliche Probleme: Ihre Beziehungen sind häufig von Konflikten, Missverständnissen und Instabilität geprägt. Dauerhafte und liebevolle Bindungen sind oft schwierig.

Selbstbezogenheit: Gespräche drehen sich meist um sie selbst. Sie hören wenig zu und zeigen wenig echtes Interesse an anderen.

Spaltung und Idealisierung/Abwertung: Sie neigen dazu, Menschen zunächst zu idealisieren, später aber stark abzuwerten, wenn diese ihren Erwartungen nicht mehr entsprechen.

Diese Hinweise können dir helfen, narzisstische Muster frühzeitig zu erkennen und dich besser darauf einzustellen, sei es in der Familie, am Arbeitsplatz oder im sozialen Umfeld.

Wo trifft man Narzissten im Alltag?

Beruf und Arbeitsumfeld: Führungskräfte oder Kolleg:innen, die sich übermäßig in den Mittelpunkt stellen, konkurrenzbetont, auf Status und Macht fokussiert. Reden viel über sich, loben sich selbst, nehmen sich mehr Rechte heraus.

Partnerschaft und Dating: Anfangs oft sehr charmant („Love Bombing"), schnelle Idealisierung, später Entwertung, kontrollierendes oder manipulierendes Verhalten möglich.

Familie: Eltern oder Geschwister, die alles besser wissen, keine Kritik dulden. Kinder werden oft für das eigene Image benutzt. Emotionale Erpressung oder Abwertung sind häufig.

Freundeskreis: Immer im Mittelpunkt, wenig echtes Interesse an anderen, Konkurrenzdenken, Neid, mangelnde Loyalität, Kontakte werden oft nach Nutzen bewertet.

Soziale Medien/Öffentlichkeit: Stark auf Selbstinszenierung fokussiert. Viele Selbstdarstellungen, aber wenig echtes Einlassen auf andere. Empfindlich gegenüber Kritik oder Widerspruch (Tab. 4.1).

Tab. 4.1 Woran erkennt man einen (problematischen) Narzissten?

Verhalten/Hinweis	Mögliche Bedeutung
Anfangs übertrieben charmant und bewundernd	„Love Bombing", frühe Idealisierung
Spricht oft und viel über sich selbst	Bedürfnis nach Aufmerksamkeit und Bewunderung
Kritikunfähig, reagiert mit Wut oder Rückzug	Geringe Frustrationstoleranz, verletzlicher Selbstwert
Empathielosigkeit oder fehlendes Mitgefühl	Kein echtes Interesse an den Gefühlen anderer
Nutzt Menschen strategisch aus	Beziehungen sind oft zweckgebunden
Abwertung anderer, um sich selbst zu erhöhen	Typisch bei „grandiosem" Narzissmus
Kalte, distanzierte Wirkung hinter der Fassade	Tiefes inneres Unsicherheitsgefühl
Kontrolle und emotionale Manipulation	In Beziehungen oft toxisch
Ständig auf Außenwirkung bedacht	Starkes Bedürfnis nach äußerer Bestätigung

Auch hier wieder ein wichtiger Hinweis: Nicht jede selbstbezogene Person ist ein Narzisst und nicht jeder Narzisst ist klinisch gestört. Entscheidend ist: Wie oft und wie extrem treten die Merkmale auf? Verursacht das Verhalten Leid bei anderen oder der Person selbst? Ist eine Veränderung möglich oder wird alles abgewehrt?

Narzissmus auf gesellschaftlicher Ebene

Bisher haben wir die persönliche Beziehungsebene betrachtet. Es gibt auch Zusammenhänge zwischen Narzissmus und Mobbing. Mobbing und Narzissmus findet statt, wenn Abwertung zur Selbstaufwertung wird.

Man findet Narzissten als Mobber:innen und Narzissten nutzen andere Menschen oft, um sich selbst zu erhöhen. Dabei dient Mobbing als Mittel zur Selbstaufwertung durch Abwertung („Ich bin besser als du") oder auch Kontrolle und Machtausübung. Reicht das noch nicht, nutzen sie Bestrafung von Kritik oder Konkurrenz, oft gepaart mit Vergeltung für eine gekränkte Eitelkeit („narcissistic injury") (Tab. 4.2).

Die Opfer von Narzissten im Mobbingkontext sind oft empathische, ruhige, reflektierte Menschen. Menschen, die sich nicht leicht unterwerfen, auch Menschen mit hoher Kompetenz, die als Konkurrenz empfunden werden. Menschen, die Grenzen setzen oder authentisch sind. Narzissten empfinden diese Personen oft als Bedrohung für ihr fragiles Selbstbild und greifen sie gezielt an.

Tab. 4.2 Typisch für narzisstisch geprägte Mobber:innen:

Verhalten	Hintergrund
Bloßstellen vor anderen	Demütigung dient als Machtdemonstration
Gerüchte und Manipulation	Kontrolle über das Bild anderer
Gaslighting („Du bist zu sensibel")	Umdeutung von Realität zur Selbstabsicherung
Lästern im Kollektiv	Suche nach Bestätigung und Mitläufer:innen

Tab. 4.3 Verdeckter Narzissmus

Verhalten	Wirkung
Opferrolle einnehmen	Andere werden emotional manipuliert
Intrigen im Hintergrund	Spaltung des Teams
Schweigen bei Angriffen anderer	Passiv-aggressive Unterstützung des Mobbings

Systemischer Narzissmus und Mobbingkultur
In manchen Organisationen oder Familien gibt es eine „narzisstische Atmosphäre". Status ist wichtiger als Menschlichkeit. Schwäche darf nicht gezeigt werden und Fehler werden nicht toleriert. Dort herrscht Konkurrenz statt Kooperation. In solchen Systemen wird Mobbing oft verharmlost oder gedeckt, nicht ernst genommen und als Machtinstrument eingesetzt (z. B. gegen Whistleblower, Außenseiter:innen, Kritiker:innen).

Versteckten Narzissmus findet man im Mobbingkontext

Nicht nur offensiv-narzisstische Menschen mobben. Auch verdeckte Narzissten nutzen Mobbing, nur subtiler (Tab. 4.3).

Die Folgen für das Opfer sind verheerend und führen oft auch zum Suizid

Mobbing durch Narzissten hinterlässt oft tiefe seelische Spuren wie massiven Selbstwertverlust, Vertrauensstörungen, psychosomatische Beschwerden und Isolation, Depression, posttraumatische Symptome, Ängste und weitere psychische Erkrankungen.

Wenn wir auf den therapeutischen Blick achten, können wir feststellen, was hinter dem Verhalten des narzisstischen Mobbers steckt. Oftmals erkennen wir extreme Kränkbarkeit, eine innere Leere und Angst vor Bedeutungslosigkeit. Das führt zu einem Drang und Bedürfnis nach Kontrolle. Oft haben sie selbst frühe emotionale Verletzungen oder Entwertung erlebt.

Was hilft Betroffenen, um sich zu wehren? Zuerst sollten sie eine Dokumentation der Angriffe (Tagebuch, Screenshots) führen. Sie können sich therapeutische Begleitung zur Selbststärkung suchen. Wichtig ist die klare Grenzsetzung und klare Kommunikation. Aufbau eines Unterstützungsnetzes: Wer kann stützen? Freunde, Familie? Über Therapeuten, Bücher, Selbsthilfe kann man Strategien zur Selbstabgrenzung lernen. Wenn man keine Ruhe vor den Mobber:innen findet, gibt es die Möglichkeit, rechtliche Schritte bei systemischem Mobbing einzuleiten. Mobbing ist oft kein „zwischenmenschlicher Konflikt", sondern Ausdruck von narzisstisch geprägten Macht- und Entwertungsdynamiken. Nur wenn diese Muster erkannt, benannt und unterbrochen werden, ist echter Schutz und Heilung möglich.

Abwertung mit Mobbing und Narzissmus zum Machtmittel

Mobbing ist kein „Streit", es ist psychische Gewalt. Und in vielen Fällen liegt dahinter eine tiefere Dynamik: narzisstische Abwertung als Selbstschutz. Ob im Job, in der Schule, im sozialen Umfeld oder in Familien – immer wieder sind es narzisstisch geprägte Persönlichkeiten, die andere gezielt klein halten, manipulieren oder bloßstellen. Doch Mobbing ist nie nur individuell, es hat immer auch eine systemische Dimension.

Du erfährst im Folgenden, wie Narzissmus und Mobbing zusammenhängen, woran du narzisstisch motiviertes Mobbing erkennst, wie du dich schützen und abgrenzen kannst, und welche Wege der Selbststärkung dir offenstehen.

Warum mobben Narzissten?

Narzisstische Personen nutzen Mobbing oft als Mittel zur Selbstaufwertung: „Ich bin besser, weil du schwächer bist." Zur Kontrolle: „Ich bestimme, wer dazugehört." Auch zur Rache für Kränkung: „Du hast mich verletzt und jetzt zahlst du." Und gern für Machtdemonstration: „Niemand stellt mich infrage."

Mobbing ist dabei Ausdruck eines fragilen Selbstwertgefühls, das durch die Entwertung anderer stabilisiert wird (Tab. 4.4).

Tab. 4.4 Formen des narzisstischen Mobbings

Art des Verhaltens	Beschreibung
Blamieren und Bloßstellen	Gezielte Demütigung vor Gruppen
Gaslighting	Systematisches Verdrehen der Realität
Schweigebehandlung	Gezielter Ausschluss, soziale Kälte
Manipulation Dritter	Gerüchte, gezielte Spaltung
„Falsche Empathie"	Scheinbar verständnisvoll, hintenrum destruktiv

Systemisch-narzisstisches Mobbing

Nicht nur einzelne Menschen mobben, sondern auch ganze Systeme (z. B. Unternehmen, Familien, Schulklassen) können narzisstisch strukturiert sein: „Wir dulden keine Schwäche.“ „Hier musst du dich beweisen.“ „Das war doch nicht so gemeint …“

In solchen Umfeldern wird Mobbing verharmlost, ignoriert oder sogar belohnt
Auch hier kannst du dich schützen, indem du deren Muster erkennst. Es liegt nicht an dir. Dokumentiere deine Vorfälle und mache damit Mobbing sichtbar. Setze Grenzen und sage klar, was du nicht tolerierst. Hole dir Unterstützung in deiner Institution. Du bist nicht allein. Arbeite an deinem Selbstwert, damit Angriffe nicht greifen können.

Material zu Kap. 4

Arbeitsblatt: *„Was ist meins und was gehört dem anderen?“*
Ziel: Klare emotionale Abgrenzung von Mobbing-Erfahrungen.

Aussage oder Verhalten	Gehört das wirklich zu mir?	Reaktion/Gedanke
„Du bist einfach zu empfindlich.“	□ Ja □ Nein	________________
Ignoriert werden im Team	□ Ja □ Nein	________________
Ständiges Kritisieren	□ Ja □ Nein	________________
Gefühl: Ich bin nicht genug	□ Ja □ Nein	________________

Reflexionsfrage: Was passiert, wenn ich das zurückgebe, was nicht zu mir gehört?
Meditation: *„Zurückgeben, was nicht deines ist.“*
Setz dich ruhig hin. Atme tief ein und aus.
Stell dir vor, vor dir steht eine Person, die dich verletzt hat.
Du hältst eine schwere Tasche, gefüllt mit Schuld, Scham, Entwertung.
Sag innerlich: *„Das gehört nicht zu mir. Ich gebe es dir zurück“*.
Stell dir vor, wie du die Tasche abstellst.
Atme frei. Spüre, wie dein Raum sich wieder mit deiner Kraft füllt.
Mobbing ist keine Schwäche des Opfers, sondern Ausdruck einer toxischen Dynamik.

Narzissten greifen nicht an, weil du falsch bist, sondern weil du etwas in ihnen berührst, das sie nicht halten können: ihre eigene Unsicherheit. Sich zu wehren heißt nicht zurückzuschlagen, sondern sich klar zu positionieren, sich Selbstwert zurückzuholen, sich zu schützen und zu wachsen.

Kollektiver Narzissmus

Kollektiver Narzissmus beschreibt eine Form des Narzissmus, bei der nicht das einzelne Individuum, sondern eine Gruppe, Nation, Organisation oder soziale Gemeinschaft im Mittelpunkt einer überhöhten Selbstwahrnehmung steht. Es geht dabei nicht um persönlichen Narzissmus, sondern um das narzisstische Bedürfnis nach Anerkennung, Überlegenheit und Besonderheit im Kollektiv.

Die Sozialpsychologin *Agnieszka Golec de Zavala,* die diesen Begriff maßgeblich geprägt hat, beschreibt kollektiven Narzissmus als „den Glauben, dass die eigene Gruppe außergewöhnlich ist, jedoch von anderen nicht ausreichend anerkannt oder gewürdigt wird (Tab. 4.5)".

Beispiele für kollektiven Narzissmus findet man im Nationalismus: „Unser Land ist einzigartig und wird vom Rest der Welt nicht gewürdigt." Auch religiöser Gruppen-Narzissmus: „Nur unsere Glaubensgemeinschaft hat den wahren Weg." Oder Unternehmensbezogen: „Unsere Firma ist unschlagbar und wer das anders sieht, gehört nicht zu uns." Familiensystemisch: „Unsere Familie ist etwas Besonderes" (nach außen hin stark, nach innen tabuisiert).

Die Gefahren beim kollektiven Narzissmus sind sehr massiv. Denn dessen Feindbilder sind andere, welche systematisch abgewertet oder bekämpft werden. Die Empörungskultur zeigt sich mit Kritik, welche als Angriff erlebt wird. Radikalisierung der Gruppenzugehörigkeit wird zur Identitätsflucht. Dadurch versucht man, eine Spaltung und mit der Aussage „Wir gegen die" eine gesellschaftliche Polarisierung herbeizuführen. Narzisstische

Tab. 4.5 Merkmale kollektiven Narzissmus

Merkmal	Bedeutung
Überlegenheitsglaube	„Unsere Gruppe ist besser als alle anderen."
Kränkungsanfälligkeit	Schnelle Empörung bei Kritik von außen
Bedürfnis nach Bestätigung	Ständiges Einfordern von Anerkennung
Abwertung anderer Gruppen	Andere werden abgewertet, um sich selbst zu erhöhen
Abschottung	Kollektiv schützt sich narzisstisch nach außen
Geringe Toleranz für Differenz	Abweichung wird als Bedrohung erlebt

Systemkulturen findet in Organisationen oder Familien statt, in denen Emotionen, Schwäche oder Kritik nicht erlaubt sind.

Wo finden wir den Ursprung von kollektivem Narzissmus? Dieser entsteht häufig dort, wo ein fragiler Gruppenselbstwert vorliegt (z. B. nach kollektiven Traumata, gesellschaftlicher Abwertung, Krieg, Konkurrenzdruck), Führungspersönlichkeiten narzisstische Muster auf das Kollektiv übertragen und Gruppen nicht lernen, mit Fehlern, Unterschiedlichkeit oder innerer Reflexion umzugehen.

Wie kann man vorbeugen und Prävention betreiben? Stärkung von Individualität in der Gruppe und Zulassen von Kritik und Ambiguität. Bewusste Wertearbeit und Selbstreflexion betreiben und Empathietraining und interkulturellen Austausch unterstützen. Kritische Auseinandersetzung mit Ideologien führen, ohne Bewertung und Abwertung.

Reflexionsfrage

Wo bin ich selbst Teil eines kollektiven Selbstbildes und wie reagiere ich, wenn es infrage gestellt wird?

Im nächsten Teil wenden wir uns dem Bereich innerhalb von Partnerschaften und den zerstörerischen Folgen narzisstischen Verhaltens zu. Was oft mit Liebe beginnt, endet oft in emotionaler Erschöpfung, Selbstzweifeln und Bindungstrauma. Narzisstische Dynamiken in der Partnerschaft wirken mehr als herausfordernd und wir beleuchten, wie du dich daraus befreien kannst. Hier geht es darum, typische Verhaltensweisen und Muster zu identifizieren, die Narzissten in ihrem Verhalten zeigen, um narzisstische Dynamiken besser zu verstehen und adäquat reagieren zu können.

Mit diesem praktischen Fokus erweitern wir das Verständnis von Narzissmus um alltagsnahe Beobachtungen und konkrete Anhaltspunkte, um diesen zu identifizieren und sich gegebenenfalls aus der Partnerschaft zu befreien.

Narzissmus, Partnerschaft und deren Dynamiken – Missbrauch und Befreiung

In kaum einem Bereich zeigen sich die zerstörerischen Folgen narzisstischen Verhaltens so deutlich wie in Liebesbeziehungen. Was oft mit intensiver Anziehung beginnt, endet nicht selten in emotionaler Erschöpfung, Selbstzweifeln und Bindungstrauma. Dieser Abschnitt beleuchtet, wie narzisstische Dynamiken in der Partnerschaft wirken und wie du dich daraus befreien kannst.

Typische Dynamiken in Partnerschaften mit Narzissten

Ideal- und Abwertungsphasen: Anfangs werden Partner:innen häufig stark idealisiert („Love-Bombing"), sie fühlen sich begehrt und besonders. Doch schon bald folgt oft die Abwertungsphase, in der die gleiche Person plötzlich kalt, abweisend oder sogar verletzend wird.

Mangel an Empathie: Narzissten haben Schwierigkeiten, sich in die Gefühle des Partners einzufühlen. Bedürfnisse und Grenzen des Gegenübers werden oft ignoriert oder missachtet.

Kontrolle und Machtspiele: Um das eigene Selbstwertgefühl zu stabilisieren, versuchen Narzissten häufig, Macht auszuüben oder den Partner emotional zu kontrollieren.

Manipulation und Schuldumkehr: Konflikte werden oft so gedreht, dass der Narzisst nicht verantwortlich ist. Der Partner fühlt sich verunsichert, hat oft Schuldgefühle oder zweifelt an sich selbst.

Grenzüberschreitungen: Das Ignorieren von Grenzen kann sich emotional (Herabsetzung, Kritik) oder auch physisch zeigen.

Warum bleiben Partner:innen trotz Leiden?

Bindung und Hoffnung: Die anfängliche starke emotionale Bindung und die Hoffnung auf Veränderung halten viele Menschen in der Beziehung.

Verwirrung durch wechselnde Verhaltensweisen: Die unberechenbaren Muster aus Liebe und Ablehnung führen zu Verwirrung und dem Wunsch, „das Gute" wiederzufinden.

Verlustängste und Abhängigkeiten: Manche Partner fühlen sich emotional oder finanziell abhängig und sehen keinen einfachen Ausweg.

Selbstzweifel: Durch die Manipulation kann das Selbstwertgefühl stark sinken, was die Entscheidung für einen Abschied erschwert.

Möglichkeit für Betroffene wäre die Selbsterkenntnis: Das Erkennen narzisstischer Muster ist der erste Schritt, um sich emotional zu schützen.

Grenzen setzen: Klare Grenzen helfen, sich vor Manipulation und emotionalem Missbrauch zu schützen.

Professionelle Unterstützung: Beratung, Therapie oder Selbsthilfegruppen können helfen, die Dynamik zu verstehen und Wege zu finden, sich zu lösen.

Selbstfürsorge: Eigene Bedürfnisse ernst nehmen, Selbstwert stärken und soziale Netzwerke aufbauen.

Trennung planen: Wenn nötig, eine sichere Trennung vorbereiten, auch mit professioneller Begleitung.

Therapeutische Interventionen können auch hier die Aufarbeitung der Beziehungserfahrungen sein: Reflektieren, wie die Beziehung Narzissmus genährt hat oder selbst davon geprägt wurde.

Stärkung des Selbstwerts: Aufbau eines stabilen Selbstbildes außerhalb der narzisstischen Beziehung.

Traumabewältigung: Verarbeitung von emotionalem Missbrauch und Manipulation.

Kommunikationstraining: Lernen, eigene Bedürfnisse klar und deutlich zu äußern.

Partnerschaften mit Narzissten sind oft von starken emotionalen Schwankungen, Manipulation und Kontrollmechanismen geprägt. Für Betroffene ist es wichtig, diese Dynamiken zu erkennen, sich emotional zu schützen und Unterstützung zu suchen. Trotz der Herausforderungen gibt es Wege zur Heilung, Selbststärkung und zu gesunden Beziehungen.

Typische Phasen einer Beziehung mit einem Narzissten

Unter „Love Bombing" versteht man die überwältigende Zuwendung, Idealisierung, das Versprechen von Nähe und Zukunft. Gleichzeitig erleben Klienten Abwertung durch Kritik, Rückzug, Ignoranz, Entwertung ihrer Person. Das allein reicht nicht und man erlebt Kontrolle und Manipulation wie Schuldzuweisungen, Gaslighting, Isolation von sozialen Kontakten.

Somit geraten Klienten in Abhängigkeit und Angst. Bindungsangst trifft auf Verlustangst und ein toxischer Kreislauf beginnt

Es ist so schwer, sich zu lösen, denn die Anfangsphase wird idealisiert („Er/Sie war doch mal so liebevoll"). Dann findet eine Schuldumkehr statt: „Du bist das Problem, nicht ich." Du hast ständige Hoffnung auf Veränderung. Oft findet eine Verdrängung und emotionale Abhängigkeit statt.

Die ersten Warnsignale in der Partnerschaft sind, dass du Angst hast, deine Meinung zu sagen. Deshalb passt du dich an, um Konflikte zu vermeiden. Oft wirst du für seine/ihre Launen verantwortlich gemacht. Du fühlst dich wie in einer emotionalen Achterbahn.

Ein Weg zur Selbstbefreiung kann sein, Klarheit zu gewinnen. Dokumentiere, was passiert ist, denn schwarz auf weiß hilft dem Verstand. Suche dir einen sicheren Rückzug. Suche dir Unterstützung, bevor du dich emotional oder räumlich löst. Stärke deinen Selbstwert und erinnere dich daran, wer du ohne die Beziehung warst.

Therapeutische Begleitung: Traumaaufarbeitung, Selbstempathie, Abgrenzen lernen.

Die Heilung nach einer toxischen Beziehung kann sein, dass du lernst, dir Trauer, auch wenn du verlassen wurdest, zu erlauben. Arbeite mit deinem inneren Kind, das nach Liebe hungert. Erkenne deine Bindungsmuster und entwickle neue Strategien.

„Verzeihe dir, dass du geblieben bist. Du warst nicht schwach, du warst gebunden."

Partnerschaften sind Räume tiefer Nähe, Vertrauen und emotionaler Verbundenheit. Wenn jedoch einer der Partner narzisstische Persönlichkeitszüge zeigt, können diese Räume schnell zu Orten von Schmerz, Verwirrung und Kontrollverlust werden. Narzisstische Dynamiken in Beziehungen sind oft geprägt von Manipulation, emotionalem Missbrauch und Machtspielen, die die betroffene Partnerin oder den betroffenen Partner stark belasten.

Dieser Abschnitt beleuchtet die typischen Muster narzisstischer Partnerschaften: Wie äußern sich Kontrolle und Manipulation? Welche Formen des emotionalen Missbrauchs treten häufig auf? Und vor allem: Wie können Betroffene diese Dynamiken erkennen, sich schützen und schließlich den Weg der Befreiung und Heilung gehen?

Wir betrachten sowohl die psychologischen Hintergründe als auch konkrete Handlungsmöglichkeiten, um in einer solchen Beziehung nicht unterzugehen, sondern wieder zu sich selbst zu finden und gesunde Grenzen zu setzen. Das Ziel ist es, Mut zu machen, die eigene Kraft zu entdecken und neue Wege für erfüllende und respektvolle Partnerschaften zu öffnen.

Narzissmus und Partnerschaft

Die Eigenschaften eines Narzissten nehmen einerseits starken Einfluss auf den Partner und erschweren andererseits den Aufbau einer vertrauensvollen guten Beziehung. Durch den starken Egoismus des Narzissten ist der *Partner gezwungen, mehr auf den narzisstischen Partner zu achten als auf sich selbst.* Der Narzisst steht im Mittelpunkt durch permanente Stimmungsschwankungen und Empfindlichkeit. Dadurch ist es dem Partner beinahe unmöglich, eigene Ansprüche zu äußern. Tut er dies dennoch, kann es passieren, dass der Narzisst mit schroffer Kritik und Demütigung reagiert. Häufig gestaltet sich die Beziehung so, dass der Partner des Narzissten mehr gibt, als er zurückbekommt und darauf bedacht ist, den Wünschen und Vorstellungen des narzisstischen Partners zu entsprechen.

Du kannst das Verhalten von Partnern im Umgang mit Narzissten gut beobachten.

Er sagt gegenüber dem Narzissten seine eigene ehrliche Meinung nicht und *verhält sich zurückhaltend*, *schüchtern* und *verkrampft*.

Er *ordnet sich neben dem Narzissten unter*, fühlt sich minderwertig und wertlos.

Er *muss sich stark anpassen*, ständig gefallen und fehlerfrei handeln.

Er muss unangemessen häufig Kritik, Belehrungen und *Demütigungen wehrlos ertragen*.

Er wird permanent von *Angst- und Schuldgefühlen begleitet*, kann nie ganz abschalten und fürchtet weitere seelische Angriffe.

Wie gestaltet sich die Beziehung mit einem Narzissten?

Partnerschaften von Narzissten laufen häufig nach einem ähnlichen Schema ab: Zu Anfang der Beziehung ist es der Narzisst, der seinen neuen Partner besonders empathisch, liebevoll und charmant behandelt und viel Aufmerksamkeit schenkt. Menschen mit einer narzisstischen Persönlichkeitsstörung fällt es leicht, andere einzuschätzen und ihnen Komplimente zu machen, die sie besonders berühren und schnell Intimität herstellen. Narzissten mögen es, die Einzigartigkeit und Intensität einer Beziehung zu betonen und schaffen dadurch schnell eine starke emotionale Abhängigkeit ihres Partners. Narzissten genießen das daraus entstehende Gefühl, leidenschaftlich begehrt zu werden.

Nach einiger Zeit genügt die Bestätigung durch den Partner dem Narzissten nicht mehr. Die Gewöhnung an die Liebesbekundungen führen immer häufiger zu Distanz, Zurückweisung und Kritik. Der Partner des Narzissten fängt an zu merken, dass er dem Narzissten nicht mehr genügen kann. Es fällt jedoch schwer, dieses Problem zu thematisieren, weil der Narzisst meist rhetorisch überlegen ist und die Schuld dem Partner zurückgibt.

Zudem ist es für Narzissten schwer, mit Kritik umzugehen. Oft reicht eine beiläufige Bemerkung, um einen Narzissten zu kränken und gegen sich aufzubringen. Eine gesteigerte Kränkbarkeit beruht teils auf Erfahrungen in der Kindheit, in denen keiner dem Betroffenen half, seine Impulse zu steuern oder Erfolgserlebnisse und Anerkennung zu erfahren. So gelingt es dem Narzissten nicht, als unangemessen empfundenen Einwände zu verarbeiten. Dem Narzissten ist es wichtig, dass die Dinge nach seinen Regeln und Bewertungen ablaufen. Werden seine Erwartungen nicht erfüllt, reagiert er mit rücksichtslosem, strafendem bis zu aggressivem Verhalten. So wird eine Beziehung schnell zu einer großen Belastung.

Wie kann eine Beziehung mit einem Narzissten gelingen und worauf muss sich der Partner einstellen?

Eine Beziehung mit einem Menschen mit narzisstischen Zügen oder gar einer narzisstischen Persönlichkeitsstörung kann nur unter bestimmten Voraussetzungen gelingen und selbst dann ist sie meist mit sehr klaren Grenzen, viel Selbstschutz und therapeutischer Begleitung verbunden.

Kann eine Beziehung mit einem Narzissten gelingen? Ja, *unter bestimmten Voraussetzungen.*

Der Narzisst ist einsichtig, therapiewillig und -fähig. Wenn der betroffene Mensch bereit ist, ehrlich an sich zu arbeiten, sich kritisch zu reflektieren und emotionale Verletzlichkeit zuzulassen, kann eine Veränderung gelingen, aber das ist eher selten und ein langer Weg.

Der Partner kennt die Dynamik und schützt sich bewusst. Wer in einer Beziehung mit einem Narzissten lebt, braucht ein starkes Ich, klare Grenzen, eine gute Selbstfürsorge und darf nicht in die emotionale Verschmelzung gehen.

Die Beziehung ist nicht dauerhaft toxisch oder missbräuchlich. Sobald die Beziehung von dauerhafter Entwertung, Manipulation oder emotionalem Missbrauch geprägt ist, ist sie nicht mehr tragfähig und auch nicht „heilbar" durch Liebe oder Geduld.

Worauf muss sich ein Partner einstellen?

Emotionale Schwankungen und mangelnde Empathie

Narzissten haben oft große Schwierigkeiten mit echter emotionaler Nähe. Sie wirken in der Tiefe oft kalt, kontrollierend oder unnahbar. Der Partner muss damit umgehen können, nicht emotional gespiegelt oder verstanden zu werden.

Starke Ich-Fixierung

Narzissten stellen meist sich selbst und ihre Bedürfnisse in den Mittelpunkt. Der Partner muss darauf achten, nicht zur dauerhaften Kompensationsfigur zu werden.

Kritikempfindlichkeit

Kritik oder sogar nur ein Hinweis auf Fehler kann zu Wut, Rückzug oder Abwertung führen. Der Partner muss lernen, sehr achtsam zu kommunizieren, ohne sich dabei zu verbiegen.

Manipulation und Machtspiele

Viele Narzissten nutzen subtile Formen der Kontrolle (Gaslighting, Schuldumkehr, Verunsicherung). Wer diese Muster kennt, kann sich besser abgrenzen.

Oberflächliche Nähe

Tiefe emotionale Intimität ist für viele Narzissten schwer erträglich. Der Partner muss akzeptieren, dass die Beziehung eher funktional als tief verbunden bleibt oder daran arbeiten, ob Nähe möglich ist.

Was kann dir helfen, wenn man bleibt?
Eigene Therapie/Beratung
Um sich selbst zu stärken, Klarheit zu gewinnen und emotionale Abhängigkeiten zu lösen.

Konsequente Grenzen setzen
Ohne klare Stopps werden narzisstische Strukturen immer weiter Raum einnehmen.

Nicht alles persönlich nehmen
Viele Reaktionen von Narzissten sagen mehr über deren eigene Ängste aus als über den Partner.

Realistische Erwartungen
Wer erwartet, dass ein Narzisst emotional einfühlsam und dauerhaft verbindlich agiert, wird oft enttäuscht.

Warnsignal – Wenn Liebe zur Selbstauslöschung wird

Eine Beziehung mit einem stark narzisstischen Partner ist nicht dann erfolgreich, wenn du leidensfähig bist, sondern wenn du dich trotz der Beziehung selbst lieben und schützen kannst. Wenn du das Gefühl hast, dich selbst zu verlieren oder emotional entwertet zu werden, ist es wichtig, den Fokus auf deinen eigenen Heilungsweg zu richten.

> ***„Ja, es kann gelingen, aber nur unter seltenen, bewussten Bedingungen, und nein, du kannst einen Narzissten nicht durch Liebe heilen."***

Die Liebe zu einem Narzissten – ist das eine glückliche Partnerschaft?

Eine Beziehung mit einer narzisstischen Person ist äußerst herausfordernd und in vielen Fällen schwierig zu verbessern. Zwar kann professionelle Hilfe, wie psychotherapeutische Behandlungen oder Paartherapie, theoretisch unterstützend wirken, jedoch ist es wichtig zu beachten, dass Narzisst:innen oft nicht freiwillig eine Therapie aufsuchen und diese möglicherweise zur Manipulation nutzen können. Betroffene sollten sich daher realistische Erwartungen setzen und gegebenenfalls Unterstützung von Fachleuten suchen, um ihre eigene Situation zu bewerten und geeignete Schritte zu unternehmen.

Material 2 zu Kap. 4

Übung: Klarheit gewinnen und eigene Grenzen und Bedürfnisse in der Partnerschaft erkennen

Ziel: Eigene Grenzen und Bedürfnisse in der Partnerschaft bewusst wahrnehmen und stärken, um manipulative Dynamiken besser zu erkennen und sich zu schützen. Dauer: 20–30 min.

Anleitung:

1. *Ruhiger Moment:* Suche dir einen ruhigen Platz, an dem du ungestört bist. Nimm dir Zeit und ein Notizbuch oder Blatt Papier und einen Stift zur Hand.
2. *Innere Reflexion:* Schreibe zu den folgenden Fragen jeweils spontan und ehrlich deine Antworten auf:

   - Welche Situationen in meiner Partnerschaft fühlen sich für mich unangenehm, erdrückend oder verletzend an?
   - Welche Verhaltensweisen meines Gegenübers führen dazu, dass ich mich klein, unsicher oder kontrolliert fühle?
   - Welche meiner Grenzen wurden in der Vergangenheit überschritten oder missachtet?
   - Welche Bedürfnisse habe ich, die ich in der Beziehung nicht ausreichend erfüllt sehe?
   - Wie reagiere ich, wenn ich diese Grenzen oder Bedürfnisse anspreche?
   - Welche kleinen Schritte kann ich gehen, um meine Grenzen klarer zu kommunizieren?
   - Wo finde ich Unterstützung bei Freunden, Familie oder professionellen Helfern?

3. *Visualisierung:* Schließe nun die Augen und stelle dir vor, wie du in deiner Partnerschaft einen sicheren Raum erschaffst, in dem deine Grenzen respektiert und deine Bedürfnisse gehört werden. Atme dabei ruhig und tief.
4. *Positive Affirmation:* Wiederhole innerlich oder laut einen stärkenden Satz, z. B.: „Ich verdiene Respekt und Liebe. Meine Grenzen sind wichtig und werden anerkannt."
5. *Abschluss:* Öffne die Augen und nimm das Gefühl von Stärke und Klarheit mit in deinen Alltag.

Diese Übung unterstützt Betroffene darin, sich selbst besser wahrzunehmen, ihre persönliche Integrität zu schützen und die Weichen für gesunde Beziehungen zu stellen.

Ein Brief des Selbstmitgefühls für Betroffene in narzisstischen Beziehungen kann so wichtig sein

Menschen, die über längere Zeit narzisstischer Manipulation, Abwertung oder emotionaler Instabilität ausgesetzt sind, verlieren oft den Kontakt zu sich selbst. Narzisstische Dynamiken erzeugen *Schuldgefühle*, *Scham*, *Selbstzweifel* und ein tiefes Gefühl von „Mit mir stimmt etwas nicht". Besonders traumatisierend ist, dass Betroffene über Jahre oder Jahrzehnte innerlich lernen, die eigenen Gefühle herunterzuspielen, sich selbst keine Fürsorge zuzugestehen, anderen Bedürfnissen mehr Bedeutung beizumessen als den eigenen, sich klein zu machen und das eigene Leid zu leugnen.

Ein Brief des Selbstmitgefühls ist therapeutisch so kraftvoll, weil er eine Gegenbewegung zu genau diesem internalisierten Muster ermöglicht.

Ein Gegensteuern der internalisierten Entwertung, damit unbewusste und abwertende innere Stimmen des Täters keine Macht haben. Typische Sätze wie „Ich übertreibe", „Ich bin zu empfindlich", „Ich war bestimmt schuld" und „Andere hätten das ausgehalten" verlieren ihre Macht. Ein Selbstmitgefühls-Brief gibt dem Betroffenen die Chance, eine neue innere Stimme zu entwickeln, eine Stimme, die tröstet, anerkennt, versteht und Halt schenkt.

Es ist eine Chance, die eigene psychische Würde wiederherzustellen, indem der Selbstwert wiederhergestellt wird. Ein Selbstmitgefühls-Brief wirkt wie eine Reparatur des inneren Selbstbildes. Er hilft Menschen, den Blick wieder auf das zu richten, was in ihnen gut, verletzlich, wertvoll und menschlich ist. Darüber hinaus aktiviert Selbstmitgefühl nachweislich die Fähigkeit zur Selbstregulation, eine liebevolle, freundlichere Selbstwahrnehmung, die Aktivität des Parasympathikus und inneren Trost und emotionale Sicherheit.

Ein Brief schafft Distanz zur narzisstischen Realität

Viele Betroffene stecken in einer mentalen Verschmelzung mit dem narzisstischen Menschen fest. Sie nehmen dessen Bewertung so lange in sich auf, bis sie wie die eigene klingt. Der Brief schafft kognitive Distanz, emotionale Klarheit und Identitätsabgrenzung.

Ein Mensch, der seine eigenen Worte der Fürsorge liest, erkennt: *„Das hier bin ich. Und das dort drüben ist die narzisstische Manipulation."*

Diese Differenzierung ist essenziell für Heilung und Loslösung. Es entsteht eine Aktivierung des gesunden Erwachsenen-Ichs. In der Traumatherapie, ganz besonders bei Menschen aus narzisstisch geprägten Kindheitsumgebungen, ist der starke innere Kritiker ein zentraler Faktor für Selbstschädigung. Ein Selbstmitgefühls-Brief aktiviert das Selbst der eigenen Person. Es hilft, innere Kindanteile (die verletzt, verunsichert oder beschämt sind) anders zu begleiten, als es der narzisstische Elternteil jemals tat.

Das Selbstmitgefühl ist neurobiologisch regulierend und es gibt Studien (z. B. Neff, Germer, Gilbert), die zeigen: Selbstmitgefühl senkt Cortisol, aktiviert das Bindungssystem, steigert innere Sicherheit, reduziert Selbstkritik, fördert emotionale Resilienz.

Betroffene narzisstischer Beziehungen leben dauerhaft im Stressmodus, weil die Bindung unberechenbar, kalt oder strafend war. Ein Selbstmitgefühls-Brief wirkt wie eine Selbstregulation von innen, die das Nervensystem beruhigt und Orientierung gibt.

Ein Brief ist also ein erster Schritt zurück zu sich selbst! Narzisstischer Missbrauch zerstört die Beziehung zu sich selbst und nicht nur die Beziehung zum Täter. Ein Selbstmitgefühls-Brief ermöglicht eine Rückkehr zum eigenen inneren Raum, eine Wiederentdeckung der eigenen Bedürfnisse, eine neue innere Beziehung, die trägt, eine würdigende Begegnung mit den eigenen Erfahrungen. Viele Betroffene sagen in der Therapie: *„Zum ersten Mal seit Jahren habe ich das Gefühl, für mich selbst da zu sein."* Genau das ist der Beginn von Heilung.

Er markiert einen Wendepunkt:

Vom *„Was stimmt nicht mit mir?"* hin zu *„Ich verdiene Mitgefühl, Schutz und Heilung."*

So kann dein Brief aussehen, versuche es.

Brief an mein eigenes Ich

Liebe/r [Name],

ich sehe dich mit all deinen Gefühlen, deiner Stärke und deinen Verletzungen. Du hast so viel erlebt, manchmal Schmerz und Enttäuschung gespürt, besonders in Beziehungen, die dir nicht guttaten. Doch ich möchte dir sagen: „Du bist wertvoll und verdienst es, respektiert und geliebt zu werden, genau so, wie du bist."

Es ist okay, deine Grenzen zu schützen und „Nein" zu sagen, wenn dir etwas nicht guttut. Du musst dich nicht verbiegen oder kleinmachen, um anderen zu gefallen. Deine Bedürfnisse sind wichtig, und es ist mutig, sie anzuerkennen und für sie einzustehen.

Auch wenn der Weg manchmal schwer ist, glaube an deine Kraft und deinen Wert. Du bist nicht allein. Du darfst dir Unterstützung holen, dich um dich kümmern und für dein Wohl sorgen.

Ich bin stolz auf dich, dass du diesen Weg gehst bis hin zu mehr Selbstachtung, Heilung und Freiheit. Du bist liebenswert, genau so, wie du bist.

In Liebe,
[Dein Name]

Dieser Brief kann als tägliche Erinnerung dienen, um das Selbstwertgefühl zu stärken und sich selbst liebevoll zu begegnen, vor allem in besonders herausfordernden Zeiten.

Die Auseinandersetzung mit narzisstischen Dynamiken in der Partnerschaft zeigt deutlich, wie tiefgreifend und verletzend diese Beziehungsformen sein können. Doch der Weg der Befreiung beginnt mit dem Erkennen der eigenen Bedürfnisse, Grenzen und der Fähigkeit, sich selbst zu schützen.

Wir richten nun unseren Fokus auf toxische Beziehungen allgemein, wie sie sich zeigen, welche Warnsignale es gibt und vor allem, wie Betroffene den oft schwierigen Schritt zur Trennung und Neuorientierung wagen können. Es geht darum, destruktive Muster zu durchbrechen und Raum für Heilung und ein gesundes Miteinander zu schaffen.

Mit diesem Wissen öffnet sich die Tür zu mehr Selbstbestimmung und Lebensqualität.

Toxische Beziehungen erkennen und beenden

Beziehungen sind eine der grundlegendsten Erfahrungen in unserem Leben. Sie schenken Nähe, Unterstützung und Geborgenheit. Doch nicht alle Beziehungen sind gesund und förderlich für unser Wohlbefinden. Toxische Beziehungen zeichnen sich durch ein wiederkehrendes Muster von Schmerz, Manipulation, Missachtung und emotionaler Erschöpfung aus. Sie können sich in Freundschaften, Familien, Partnerschaften oder sogar im beruflichen Umfeld zeigen.

In diesem Kapitel wollen wir einen klaren Blick darauf werfen, wie toxische Beziehungen entstehen und sich manifestieren. Wir lernen typische Warnsignale kennen und entdecken, warum es oft so schwerfällt, sich von solchen Verbindungen zu lösen. Dabei ist das Erkennen der ersten Anzeichen der entscheidende Schritt hin zu Veränderung und Heilung.

Der Fokus liegt nicht nur auf dem Erkennen und Beenden, sondern auch auf dem Aufbau gesunder Grenzen und der Stärkung der eigenen Resilienz. So kann der Weg aus der toxischen Beziehung zu mehr Selbstachtung, innerer Freiheit und lebensbejahenden Beziehungen führen. In kaum einem Bereich zeigen sich die zerstörerischen Folgen narzisstischen Verhaltens so deutlich wie in Liebesbeziehungen. Was oft mit intensiver Anziehung beginnt, endet nicht selten in emotionaler Erschöpfung, Selbstzweifeln und Bindungstraumata. Der folgende Abschnitt beleuchtet ganz klar, wie narzisstische Dynamiken in der Partnerschaft wirken und wie du dich daraus befreien kannst.

Welche Ursachen gibt es für toxische Beziehungen?

Toxische Beziehungen entstehen nicht zufällig, sondern haben meist tiefgreifende, psychodynamische Ursachen auf beiden Seiten. Sie sind geprägt von destruktiven Mustern, emotionalem Ungleichgewicht und schmerzhaften Wiederholungen. Im Folgenden findest du eine Übersicht möglicher Ursachen für toxische Beziehungen.

In der Kindheit und in frühen Bindungserfahrungen haben Menschen eine unsichere Bindung gespürt. Menschen, die in ihrer Kindheit nicht zuverlässig emotionale Sicherheit erlebt haben, entwickeln oft ängstliche oder vermeidende Bindungsmuster. In Partnerschaften führt das zu Abhängigkeit, Verlustangst oder Nähevermeidung.

Wenn Kinder traumatische Erfahrungen gemacht und in der frühesten Kindheit emotionalen oder körperlichen Missbrauch, Vernachlässigung oder Demütigung erlebt haben, können sich später unbewusst toxische Muster wiederholen, weil sie vertraut erscheinen.

Eine familiäre Co-Abhängigkeit („Codependency") erleben Kinder, wenn sich ein Partner aufopfert und der andere dauerhaft nimmt. Besonders Menschen, die als Kind „zu viel Verantwortung" tragen mussten (z. B. für kranke oder narzisstische Eltern), funktionieren später statt zu fühlen und verlieren sich in Beziehungen.

Persönlichkeitsmuster und psychische Strukturen erkennen

Narzisstische Persönlichkeitsanteile

Ein Partner will Kontrolle, Bewunderung oder Unterwerfung, der andere passt sich an. Das Machtungleichgewicht schafft toxische Dynamiken, insbesondere wenn eine Seite emotional ausbeutend agiert.

Borderline- oder histrionische Muster

Starke emotionale Schwankungen, Impulsivität oder Angst vor Verlassenwerden führen zu instabilen, chaotischen Beziehungen, in denen Nähe und Distanz permanent schwanken.

Helfersyndrom

Ein Mensch glaubt, den anderen „retten" zu müssen, oft aus dem Wunsch heraus, selbst wertvoll zu sein. Dadurch wird Verantwortung übernommen, die nicht gesund ist.

Unbewusste Wiederholungsmuster

Eltern-Kind-Übertragung

Man wiederholt Beziehungsmuster aus der Kindheit mit dem Partner: „Ich werde endlich von jemandem geliebt, der mich früher verletzt hat."

Das führt oft in Abhängigkeit, Hoffnungslosigkeit und Wiederholung von Schmerz.

Projektion

Eigene ungelöste Konflikte oder Schattenanteile werden auf den Partner projiziert (z. B. Wut, Angst, Schwäche) und dort bekämpft. Das erschwert echte Nähe und führt zu emotionaler Vergiftung.

Soziale und kulturelle Einflüsse

Gesellschaftliche Rollenbilder

Frauen, die „brav" oder „pflegeleicht" sein sollen, Männer, die „stark" und „dominant" sein müssen: Solche Muster können emotionale Ungleichgewichte begünstigen.

Romantisierung von Leid

In Medien, Filmen oder Popkultur werden toxische Verhaltensweisen oft als leidenschaftlich, „dramatisch" oder besonders „tief" dargestellt, was ungesunde Muster legitimiert oder verharmlost.

Fehlende Selbstkenntnis und emotionale Reife

Toxische Beziehungen gedeihen oft dort, wo Grenzen nicht erkannt oder gesetzt werden, eigene Bedürfnisse unterdrückt werden und Verantwortung für den anderen übernommen wird, statt bei sich selbst zu bleiben.

Beziehungsdynamische Ursachen können Macht- und Kontrollspiele, Dominanz und Manipulation sein. Konflikte werden nicht konstruktiv gelöst, sondern eskalieren durch Schuldzuweisungen und Abwertung, Kommunikationsdefizite, fehlende Offenheit, Kränkung, Schweigen, Unfähigkeit, Bedürfnisse respektvoll auszudrücken. Es entstehen ungleiche Erwartungen, unterschiedliche Vorstellungen von Nähe und Freiheit, Rollenverteilung oder Vertrauen, fehlende Verhandlung oder Kompromissbereitschaft.

Soziale und kulturelle Ursachen entstehen durch familiäre Vorbilder und Prägungen. Eltern oder Bezugspersonen prägen unbewusst das Beziehungsmodell durch Weitergabe von Dysfunktionalität. Gesellschaftliche Rollenbilder können toxische Dynamiken begünstigen und soziale Isolation hervorrufen.

Toxische Beziehungen entstehen dort, wo alte Wunden offen bleiben und das Gegenüber zum „heilenden Projekt“ gemacht wird, statt zur Begegnung auf Augenhöhe.

Heilsam ist auch hier die *Selbstreflexion, Grenzarbeit, therapeutische Unterstützung und bewusste Abgrenzung und Neuorientierung.*

Typische Verhaltensweisen einer Beziehung mit einem Narzissten

Love Bombing: Überwältigende Zuwendung, Idealisierung, Versprechen von Nähe und Zukunft.

Abwertung: Kritik, Rückzug, Ignoranz, Entwertung deiner Person.

Kontrolle und Manipulation: Schuldzuweisungen, Gaslighting, Isolation von sozialen Kontakten.

Abhängigkeit und Angst: Bindungsangst trifft auf Verlustangst, ein toxischer Kreislauf beginnt.

Warum es so schwer ist, sich zu lösen: Die Anfangsphase wird idealisiert („Er/Sie war doch mal so liebevoll“), dann auch hier Schuldumkehr: „Du bist das Problem, nicht ich“ und die ständige Hoffnung auf Veränderung und Verdrängung, sowie emotionale Abhängigkeit.

Warnsignale in der Partnerschaft sind Angst, deine Meinung zu sagen; du passt dich an, um Konflikte zu vermeiden, du wirst für seine/ihre Launen verantwortlich gemacht, du fühlst dich wie in einer emotionalen Achterbahn.

Ein Weg zur Selbstbefreiung ist, Klarheit zu gewinnen. Dokumentiere, was passiert, schwarz auf weiß hilft dem Verstand. Sicherer Rückzug: Suche Unterstützung, bevor du dich emotional oder räumlich löst. Selbstwert stärken: Erinnere dich daran, wer du ohne die Beziehung warst. Therapeutische Begleitung: Traumaaufarbeitung, Selbstempathie, Abgrenzen lernen.

Heilung nach einer toxischen Beziehung: Erlaube dir Trauer, auch wenn du verlassen wurdest. Arbeite mit deinem inneren Kind, das nach Liebe hungerte. Erkenne deine Bindungsmuster und entwickle neue Strategien. Verzeihe dir, dass du geblieben bist, du warst nicht schwach, du warst gebunden.

Was sind toxische Beziehungen?

Toxische Beziehungen sind Beziehungen, die auf schädlichen Mustern und Verhaltensweisen basieren und oft das Wohlbefinden der beteiligten Personen beeinträchtigen. Sie können sich in verschiedenen Formen zeigen, zum Beispiel durch ständiges Kritisieren, Kontrolle, Manipulation, Missbrauch oder mangelnde Unterstützung. Solche Beziehungen können emotional, psychisch oder sogar physisch schädlich sein.

Es ist wichtig, sich bewusst zu machen, dass niemand in einer toxischen Beziehung bleiben sollte, wenn er sich unwohl oder unglücklich fühlt. Das Erkennen der Anzeichen ist der erste Schritt, um sich selbst zu schützen und gegebenenfalls Unterstützung zu suchen. Das Gespräch mit Freunden, Familie oder einem Fachmann kann dabei sehr hilfreich sein.

Aus toxischen Beziehungen aussteigen:

1. *Erkenne die Toxizität:* Das ist der erste Schritt. Achte auf Anzeichen wie ständiges Gefühl der Erschöpfung, Manipulation, Respektlosigkeit oder das Gefühl, nicht du selbst sein zu können.
2. *Setze klare Grenzen:* Mach dir bewusst, was du akzeptieren kannst und was nicht. Kommuniziere deine Grenzen deutlich.
3. *Suche Unterstützung:* Sprich mit Freunden, Familie oder einem Therapeuten. Es ist wichtig, Menschen zu haben, die dich unterstützen und dir Rückhalt geben.
4. *Plane den Ausstieg:* Überlege dir, wie du den Kontakt reduzieren oder beenden kannst. Manchmal ist es hilfreich, einen Plan zu haben, um den Übergang zu erleichtern.
5. *Kümmere dich um dich selbst:* Nimm dir Zeit für dich, pflege deine Hobbys und achte auf dein Wohlbefinden. Selbstfürsorge ist in solchen Zeiten besonders wichtig.
6. *Vermeide Schuldgefühle:* Denke daran, dass du das Recht hast, dich aus einer ungesunden Situation zu entfernen. Du verdienst Respekt und Glück.
7. *Bleib standhaft:* Es kann schwierig sein, eine toxische Beziehung zu beenden, aber dein Wohlbefinden sollte immer an erster Stelle stehen.

Kurze strategische Hilfestellungen zum Ausstieg aus toxischen Beziehungen

Selbstreflexion und Bewusstwerdung: Erkenne die Muster und Warnsignale toxischer Beziehungen (z. B. ständige Kritik, Manipulation, Kontrollverhalten, emotionale Erschöpfung). Schreibe deine Erfahrungen und Gefühle auf, um Klarheit zu gewinnen.

Grenzen setzen: Lerne, „Nein“ zu sagen und deine persönlichen Grenzen klar zu kommunizieren. Sei dir bewusst: Deine Bedürfnisse und Gefühle sind genauso wichtig wie die der anderen.

Unterstützung suchen: Sprich mit vertrauenswürdigen Freunden, Familienmitgliedern oder Therapeuten über deine Situation. Professionelle Unterstützung kann den Ausstieg erleichtern und Sicherheit geben.

Notfallplan erstellen: Plane konkrete Schritte für den Ausstieg, besonders wenn die Beziehung gefährlich oder missbräuchlich ist. Überlege, wohin du gehen kannst, welche Dokumente du brauchst und wer dir im Notfall hilft.

Selbstfürsorge stärken: Sorge für ausreichend Ruhe, gesunde Ernährung und Aktivitäten, die dir guttun. Erlaube dir, auch nach dem Ausstieg Zeit für Heilung und Neuorientierung zu nehmen.

Wichtige Anlaufstellen und Beratungsstellen

Telefonseelsorge Deutschland:
0800 111 0 111 oder 0800 111 0 222 (kostenfrei, anonym, rund um die Uhr) www.telefonseelsorge.de

Weisser Ring – Hilfe für Kriminalitätsopfer:
116 006 (kostenfrei) www.weisser-ring.de

Frauenhaus-Hilfe:
Für Frauen in missbräuchlichen Partnerschaften. Adressen vor Ort findest du unter: www.frauenhauskoordinierung.de

Beratungsstellen für Gewalt gegen Frauen:
Lokale Frauenberatungsstellen bieten Unterstützung und Beratung an.

Pro Familia:
Beratung zu Partnerschaft, Trennung und Familienrecht. www.profamilia.de

Psychologische Beratungsstellen und Therapeutensuche:
Kassenärztliche Vereinigung 116117 oder private Anbieter www.therapie.de

Diese Hilfestellungen und Kontakte können ein erster Schritt sein, um den oft schwierigen Ausstieg aus toxischen Beziehungen sicherer und bewusster zu gestalten. Du bist nicht allein, es gibt Unterstützung und Wege in ein neues, gesundes Leben.

Material 3 zu Kap. 4

Notfallplan für den Ausstieg aus einer toxischen Beziehung

Dein Ziel: Sicherheit und klare Handlungsschritte für den Notfall planen.

1. **Wichtige Kontakte (speichern und griffbereit haben)**
   - Vertrauensperson 1 (Name, Telefonnummer):
   - Vertrauensperson 2 (Name, Telefonnummer):
   - Therapeut:in oder Beratungsstelle (Name, Telefonnummer):
   - Polizei (Notruf): 110
   - Frauenhaus/Notunterkunft (Telefonnummer):
   - Andere wichtige Telefonnummern:
2. **Sicherer Rückzugsort/Unterkunft**
   - Adresse:
   - Wegbeschreibung:
   - Schlüssel (ja/nein):
   - Wer hat Zugang zu diesem Ort?
3. **Wichtige Dokumente und persönliche Gegenstände (vorbereiten und griffbereit halten)**
   - Personalausweis/Reisepass
   - Geburtsurkunde
   - Krankenversicherungskarte
   - Geld/Bankkarten
   - Handy/Ladegerät
   - Wohnungsschlüssel
   - Wichtige Unterlagen (z. B. Mietvertrag, Versicherungen)
   - Kleidung/persönliche Hygieneartikel
   - Medikamente
4. **Verhaltensregeln im Notfall**
   - Wo kann ich mich sofort hinwenden? (z. B. Nachbar:in, Freund:in)
   - Wie reagiere ich bei Gefahr? (z. B. Fenster/Türen sichern, Fluchtwege kennen)
   - Was tue ich, wenn ich telefonisch Hilfe brauche? (z. B. Polizei anrufen, Notruf-Nummern bereithalten)

5. **Weitere wichtige Überlegungen**
   - Gibt es ein sicheres Versteck für Handy/Dokumente?
   - Welche Finanzen kann ich kurzfristig nutzen?
   - Wer kann mich im Ernstfall sofort unterstützen?
6. **Nach dem Notfall**
   - Wo kann ich mich melden, wenn ich mich in Sicherheit befinde?
   - Welche Beratungsstellen oder Hilfsangebote möchte ich kontaktieren?

Tipps zur Umsetzung:

- Bewahre diesen Plan an einem sicheren, gut erreichbaren Ort auf (z. B. bei einer vertrauenswürdigen Person).
- Überprüfe und aktualisiere den Plan regelmäßig.
- Teile den Plan nur mit Personen, denen du vertraust.

Dieser Notfallplan hilft dir, in kritischen Momenten schnell und sicher zu handeln. Er ist ein wichtiger Schritt, um deine Sicherheit und dein Wohlergehen zu schützen.

Leitfaden für die ersten Tage nach dem Ausstieg aus einer toxischen Beziehung

Ziel: Sicher und gestärkt in einen neuen Lebensabschnitt starten.

1. **Sicherheit gewährleisten**
   - Vergewissere dich, dass du dich an einem sicheren Ort befindest, frei von Bedrohung.
   - Informiere vertrauenswürdige Personen über deine Situation und deinen Aufenthaltsort.
   - Überlege, ob du deine Telefonnummer oder andere Kontaktwege ändern solltest, um unerwünschten Kontakt zu vermeiden.
2. **Emotionale Selbstfürsorge**
   - Erlaube dir, alle Gefühle zuzulassen: Trauer, Wut, Erleichterung, Angst sind normal.
   - Nimm dir bewusst Zeit für Ruhe und Regeneration.
   - Suche dir Aktivitäten, die dir guttun: Spaziergänge, Meditation, kreative Tätigkeiten oder Gespräche mit vertrauten Menschen.

3. **Soziale Unterstützung aktivieren**
    - Kontaktiere Freundinnen, Freunde oder Familie, die dich stärken und unterstützen können.
    - Falls möglich, nimm professionelle Hilfe in Anspruch, z. B. durch eine Psychotherapie oder Beratungsstellen.
    - Nutze Selbsthilfegruppen oder Online-Foren, um dich mit Gleichgesinnten auszutauschen.
4. **Praktische Angelegenheiten klären**
    - Organisiere wichtige Dokumente, Finanzen und notwendige Behördengänge (z. B. Anmeldung, Versicherungen).
    - Kläre, ob du rechtlichen Beistand brauchst, etwa für Trennung, Unterhalt oder Sorgerecht.
    - Richte dir eine neue Struktur im Alltag ein, die dir Stabilität gibt.
5. **Grenzen setzen und Kontakt reduzieren**
    - Vermeide unnötigen Kontakt mit der toxischen Person, wenn möglich.
    - Nutze Filter oder blockiere in sozialen Netzwerken, Telefon oder E-Mail.
    - Bereite dich mental darauf vor, klare Grenzen zu verteidigen.
6. **Zukunft planen**
    - Erstelle kleine Ziele, die dich Schritt für Schritt voranbringen.
    - Reflektiere, was du aus der Beziehung lernen möchtest und welche Werte dir jetzt wichtig sind.
    - Öffne dich für neue Perspektiven und gesunde Beziehungen.

Wichtige Erinnerung: Der Ausstieg ist ein mutiger, oft herausfordernder Schritt. Sei geduldig mit dir selbst und feiere jeden kleinen Erfolg auf deinem Weg.

> **Hinweis**
>
> ***„Mut bedeutet nicht, keine Angst zu haben, sondern die Angst zu überwinden und trotzdem für das eigene Wohl und die eigene Freiheit einzustehen."***
>
> ***„Du bist stärker, als du denkst, und verdienst Liebe und Respekt, genau so, wie du bist."***

Die Erkenntnis und der Ausstieg aus toxischen Beziehungen sind entscheidende Schritte auf dem Weg zu mehr Selbstachtung und innerer Freiheit. Doch um das komplexe Geflecht narzisstischer Dynamiken wirklich zu verstehen, lohnt es sich, den Blick auf eine noch frühere Phase zu richten: die Kindheit. Denn viele Narzisst:innen tragen prägenden Verletzungen und Erfahrungen aus den ersten Lebensjahren mit sich, die ihr Verhalten und ihre Persönlichkeit maßgeblich formen.

Im nächsten Kapitel widmen wir uns den „Masken und deren Glaubenssätze", die Narzissten nach außen tragen. Sei es ihre Grandiosität, Bescheidenheit, Überangepasstheit oder ihr Perfektionismus. Diese dienen dem Schutz eines verletzten Selbst. Hinter diesen Schutzmechanismen lauert oft ein fragiles Selbstbild, das von Unsicherheiten, Ängsten und einem tiefen Bedürfnis nach Anerkennung geprägt ist.

Dieser Blick ist essenziell, um Zusammenhänge zu erkennen, Verständnis zu entwickeln und eine andere Sichtweise zu ermöglichen.

5

Glaubenssätze von Narzissten, innere Überzeugungen und deren Masken

Die Persönlichkeit eines Narzissten ist vielschichtig und oft von Widersprüchen geprägt. Unter der äußeren Fassade verbirgt sich ein komplexes Geflecht aus tief verwurzelten Glaubenssätzen und inneren Überzeugungen, die das Denken, Fühlen und Handeln maßgeblich bestimmen. Diese inneren Strukturen entstehen meist schon in der Kindheit, beeinflusst von frühen Erfahrungen, Bindungen und Prägungen. Die „Masken", die Narzissten nach außen tragen, sei es Grandiosität, Bescheidenheit, Überangepasstheit oder Perfektionismus, dienen dem Schutz eines verletzten Selbst. Hinter diesen Schutzmechanismen lauert oft ein fragiles Selbstbild, das von Unsicherheiten, Ängsten und einem tiefen Bedürfnis nach Anerkennung geprägt ist.

Die innere Landkarte der Überlegenheit

Glaubenssätze sind tief verankerte Überzeugungen, die unser Denken, Fühlen und Handeln prägen. Narzissten tragen oft spezielle Glaubenssätze in sich, die ihr Verhalten und ihre Beziehungen stark beeinflussen. Dieses Kapitel beleuchtet diese inneren Überzeugungen und zeigt, wie sie sich auf ihr Selbstbild und ihre Interaktionen auswirken.

A. Lange-Weihs, *Ich sehe dich nicht*, https://doi.org/10.1007/978-3-662-73755-2_5

Typische Glaubenssätze von Narzissten

- „Ich bin besser als andere."
- „Andere müssen mich bewundern und anerkennen."
- „Ich darf keine Schwäche zeigen."
- „Ich habe Anspruch auf besondere Behandlung."
- „Fehler zuzugeben bedeutet Schwäche."
- „Meine Bedürfnisse sind wichtiger als die der anderen."
- „Ich kann nur durch Kontrolle sicher sein."

Glaubenssätze steuern das Verhalten von Narzissten, denn sie führen zu ständigem Streben nach Anerkennung und Bestätigung. Sie rechtfertigen Manipulation und Übergriffigkeit. Sie verhindern echte Nähe, weil Verletzlichkeit abgespalten wird und sie erzeugen ein Bild von Überlegenheit, das innerlich instabil ist.

Die Auswirkungen auf Beziehungen sind verheerend und sehr schmerzhaft. Andere fühlen sich oft unterlegen, ausgenutzt oder verletzt. Konflikte entstehen häufig durch Anspruchsdenken und mangelnde Empathie. Narzissten neigen dazu, Kritik abzulehnen oder umzudrehen. Bindungen sind oft oberflächlich oder von Machtspielen geprägt.

Es gibt Wege, diese Glaubenssätze zu durchbrechen, indem du dir die eigenen Muster und Glaubenssätze bewusst machst. Die Arbeit mit therapeutischer Unterstützung zur Veränderung der inneren Überzeugungen hilft bei der Entwicklung von Selbstempathie und Mitgefühl für sich und andere. Nutze Übungen im Loslassen von Kontrolle und Anspruchsverhalten.

In diesem Kapitel nehmen wir uns die Zeit, diese inneren Glaubenssätze zu entwirren und zu verstehen, wie sie Narzissten in ihrem Verhalten leiten. Wir beleuchten, welche Rolle diese Überzeugungen für die narzisstische Dynamik spielen und wie das Bewusstwerden dieser Glaubenssätze ein erster Schritt hin zu Veränderung und Heilung sein kann. Ein tieferes Verständnis dieser inneren Welt ermöglicht es sowohl Betroffenen als auch Therapeut:innen, die komplexen Verstrickungen zu durchbrechen und neue Wege zu einem authentischeren und freieren Selbst zu finden.

Glaubenssätze von Narzissten sind tief verwurzelte Überzeugungen, die ihr Selbstbild und ihre Wahrnehmung anderer stark beeinflussen. Typische Glaubenssätze bei Narzissten sind zum Beispiel:

1. Ich bin einzigartig und besonders.
2. Ich bin besser als andere.
3. Ich verdiene Bewunderung und Aufmerksamkeit.

4. Andere sind nur da, um mir zu dienen.
5. Fehler und Schwächen machen mich weniger wertvoll.

Diese Glaubenssätze führen oft zu einem überhöhten Selbstbild, das durch ständiges Bestätigen von außen aufrechterhalten wird.

Wie können Glaubenssätze „gedreht" oder verändert werden?

Die Veränderung solcher tief verwurzelten Überzeugungen ist herausfordernd, aber möglich. Hier einige Ansätze:

Bewusstwerdung: Der erste Schritt ist, sich der eigenen Glaubenssätze bewusst zu werden. Das kann durch Reflexion, Gespräche oder therapeutische Unterstützung geschehen.

Hinterfragen: Die Glaubenssätze sollten hinterfragt werden: Sind sie wirklich wahr? Gibt es Beweise dagegen? Was würde passieren, wenn ich diese Überzeugung loslasse?

Neue realistische Überzeugungen entwickeln: Statt „Ich bin besser als andere" könnte man sich sagen: „Jeder Mensch hat seine Stärken und Schwächen." Statt „Ich verdiene Bewunderung" könnte man lernen, sich selbst anzuerkennen, ohne externe Bestätigung.

Kognitive Umstrukturierung: In der Therapie (z. B. kognitive Verhaltenstherapie) werden negative Glaubenssätze systematisch erkannt und durch positive, realistische ersetzt.

Selbstreflexion und Empathie fördern: Das Entwickeln von Empathie für andere kann helfen, den Blick auf die eigenen Schwächen zu öffnen und Demut zu entwickeln.

Langfristige Arbeit an Selbstwertgefühl: Ein stabiles Selbstwertgefühl basiert auf innerer Akzeptanz statt auf externer Anerkennung.

Die innere Bühne des Narzissmus und was Glaubenssätze über das wahre Selbst verraten

Narzisstische Persönlichkeiten tragen oft ein inneres Weltbild in sich, das von Mangel, Leistung und Bedrohung geprägt ist. Sie glauben tief im Inneren:

- „Ich bin nur etwas wert, wenn ich perfekt bin."
- „Wenn ich mich verletzlich zeige, werde ich abgelehnt."
- „Nur Kontrolle schützt mich vor Ohnmacht."
- „Ich muss etwas Besonderes sein, um geliebt zu werden."

Diese Glaubenssätze entstehen oft aus frühen Beziehungserfahrungen, in denen das kindliche Selbst nicht bedingungslos gesehen, gespiegelt oder angenommen wurde. Stattdessen wurde es korrigiert, übergangen oder für bestimmte Eigenschaften (z. B. Leistung, Anpassung) gelobt und damit formten sich Überlebensstrategien, die heute als narzisstische Masken erscheinen.

Die „Maske", sei sie laut und grandios oder leise und bedürftig, dient also nicht dem Täuschen, sondern dem inneren Schutz. Sie ist ein Versuch, Kontrolle über ein instabiles Selbstbild zu behalten. Doch unter dieser Maske liegt oft ein verletzter, unsicherer Mensch, der sich nie wirklich gesehen oder angenommen gefühlt hat.

Für die therapeutische Arbeit oder Selbstreflexion heißt das: Nicht nur das äußere Verhalten zählt, sondern die „innere Bühne", auf der diese Muster entstanden sind. Veränderung ist möglich, aber nur durch behutsame Konfrontation mit den alten Überzeugungen und den Mut, sich auch ohne Maske zu zeigen. Das Ziel ist nicht, die Maske mit einer anderen zu ersetzen, sondern sie Schritt für Schritt abzulegen, um zu entdecken: *Ich darf sein, auch wenn ich nicht perfekt bin.*

Auf der nächsten Seite findest du Übungen, um Glaubenssätze von Narzissten zu identifizieren.

Material zu Kap. 5

Übung: Glaubenssätze entlarven und transformieren

Ziel: Alte, unbewusste Glaubenssätze erkennen, hinterfragen und in stärkende Überzeugungen verwandeln.

Anleitung

1. Einstieg, schreibe spontan auf

„Ich bin nur dann wertvoll, wenn …"

„Wenn ich mich wirklich zeige, dann …"

„Ich muss …, damit ich Anerkennung bekomme."

„Ich darf niemals …, sonst verliere ich …"

Diese Sätze helfen, den inneren Kritiker oder die narzisstische Schutzstrategie zu enttarnen.

2. Finde den Ursprung
Frage dich zu jedem Satz:

- *Wann habe ich das zum ersten Mal geglaubt oder gespürt?*
- *Gab es eine konkrete Kindheitssituation oder Bezugsperson, die dieses Gefühl verstärkt hat?*

Notiere Gedanken oder Erinnerungen dazu.

3. Überprüfe die Wahrheit
Stelle jedem alten Glaubenssatz bewusst die Frage:
„Stimmt das wirklich, immer und überall?“
„Wer wäre ich ohne diesen Satz?“
„Welche Erfahrung belegt das Gegenteil?“
Diese Fragen helfen, die Starre des alten Glaubens zu lockern.

4. Neuen Glaubenssatz formulieren
Formuliere nun einen stärkenden Satz, der dir heute entspricht:
Statt: „Ich bin nur wertvoll, wenn ich stark bin“, „Ich bin wertvoll, auch wenn ich schwach bin.“

Notiere deine neuen Sätze auf ein schönes Blatt, hänge sie sichtbar auf oder sprich sie täglich laut aus.

Symbolische Visualisierung: Die Maske ablegen und das wahre Selbst entdecken

Ziel: Kontakt zum wahren Selbst aufnehmen, jenseits der schützenden Maske.

Anleitung (ca. 10–15 min, gern mit geschlossenen Augen)

1. **Ankommen**:
   Setze oder lege dich bequem hin. Atme ruhig ein und aus. Spüre, wie dein Körper schwer wird und zur Ruhe kommt.
2. **Stell dir eine Bühne vor**:
   Du siehst dich selbst auf einer kleinen Bühne stehen. Du trägst eine Maske. Sie symbolisiert das Bild, das du anderen zeigst: stark, kontrolliert, angepasst, bewundert … wie auch immer sie aussieht.
3. **Betrachte die Maske**:
   Was für eine Form und Farbe hat sie? Ist sie schwer? Fühlt sie sich alt an?
   Wie lange trägst du sie schon?

4. **Die Maske ablegen**:
   Stelle dir vor, du nimmst die Maske langsam ab. Ganz behutsam. Vielleicht mit Respekt, sie hat dich lange geschützt.
   Was spürst du, wenn du darunter hervorkommst? Welche Gefühle zeigen sich?
5. **Begegnung mit deinem wahren Selbst**:
   Du stehst nun ohne Maske da. Vor dir erscheint dein „inneres, echtes Ich", so wie du bist, ohne Schutz, ohne Rolle. Vielleicht jünger, weicher, verletzlich, aber auch echt, frei und lichtvoll.
   Wie sieht dein wahres Ich aus? Was möchte es dir sagen?
6. **Dank und Rückkehr**:
   Bedanke dich bei deinem inneren Selbst für diese Begegnung. Atme tief ein und kehre dann mit einem Gefühl von Verbindung und Aufrichtigkeit langsam ins Hier und Jetzt zurück.

Diese Visualisierung kann regelmäßig wiederholt werden, um das Selbstbild zu heilen und sich selbst in mehr Tiefe anzunehmen. Hinter jeder narzisstischen Fassade verbirgt sich eine Geschichte, oft eine von mangelnder Spiegelung, von kindlicher Überanpassung und von tiefsitzenden Glaubenssätzen, die einst Schutzboten waren, aber heute einschränken.

Die Arbeit mit diesen inneren Überzeugungen zeigt, dass Veränderung möglich ist, wenn wir bereit sind, die Maske bewusst abzulegen und dem wahren Selbst mit Mitgefühl zu begegnen. Es ist ein Prozess der Selbstbefreiung, der Mut und Achtsamkeit erfordert, für Betroffene wie für jene, die mit Narzissmus in Kontakt stehen.

Wir haben nun einen tiefen Einblick in die innere Welt narzisstischer Persönlichkeiten gewonnen, in ihre Selbstbilder, Schutzmechanismen und die Glaubenssätze, die sie antreiben. Diese Erkenntnisse helfen nicht nur beim Verstehen, sondern auch beim Entwirren destruktiver Muster im Umgang mit Narzissten. Doch wie äußern sich diese inneren Überzeugungen konkret im Alltag? Wie klingt ein Glaubenssatz, wenn er ausgesprochen wird in Gesprächen, Streitmomenten oder manipulativen Situationen?

Im nächsten Abschnitt werfen wir einen präzisen Blick auf typische Narzissten-Sprüche, jene wiederkehrenden Formulierungen, die verletzen, verwirren oder verunsichern sollen. Wir entschlüsseln ihre wahre Bedeutung und zeigen Wege auf, sich innerlich davon zu distanzieren.

Typische Narzissten-Sprüche und was sie wirklich bedeuten

Narzissten nutzen oft manipulative Worte, um Kontrolle zu gewinnen, Verwirrung zu stiften oder sich selbst zu erhöhen. Dieses Kapitel zeigt dir, wie du diese Sprüche erkennst und entschlüsselst.

1. „Du bist zu empfindlich." Was es wirklich heißt:
   Deine Gefühle werden abgewertet und dir wird Schuld an Konflikten gegeben. Es soll deine Wahrnehmung klein machen.
2. „Das habe ich nie gesagt!" (Gaslighting) Was es wirklich heißt:
   Der Narzisst versucht, deine Erinnerung und Wahrnehmung zu manipulieren, um dich zu verunsichern.
3. „Andere verstehen mich nicht so wie du." Was es wirklich heißt:
   Ein Versuch, sich als einzigartig und überlegen darzustellen und dich emotional zu binden.
4. „Du übertreibst total." Was es wirklich heißt:
   Deine Sichtweise wird als irrational abgetan, um deine Kritik zu entkräften.
5. „Ich mache das nur für dich." Was es wirklich heißt:
   Der Narzisst stellt sich als Opfer dar, um Schuldgefühle bei dir auszulösen.
6. „Du bist schuld, dass ich so reagiere." Was es wirklich heißt:
   Verantwortung wird von sich gewiesen, du sollst für die Emotionen des Narzissten gerade stehen.
7. „Keiner sonst würde das so gut für dich tun." Was es wirklich heißt:
   Ein Kontrollversuch, um Abhängigkeit zu schaffen und Isolation zu fördern.
8. „Ich habe mich nur missverstanden gefühlt." Was es wirklich heißt:
   Eine Ausrede, um verletzendes Verhalten zu rechtfertigen und Verantwortung zu vermeiden.
9. „Du bist einfach nicht genug." Was es wirklich heißt:
   Eine gezielte Abwertung, die dein Selbstwertgefühl untergräbt.
10. „Ich liebe dich, aber ..." Was es wirklich heißt:
    Die Liebeserklärung wird mit Kritik oder Bedingungen verknüpft, um Macht zu behalten.

***Du kannst dich schützen.* Erkenne die Muster hinter den Worten und halte an deiner eigenen Wahrnehmung fest. Setze klare Grenzen bei manipulativer Sprache und suche dir Unterstützung und validiere deine Gefühle.**

Narzissten handeln nur im eigenen Interesse. Die Gefühle anderer sind ihnen egal. Das zeigt sich auch an folgenden Narzissten-Sprüchen:

„Für einen Narzissten ist die Welt ein Bühnenstück, in dem er die Hauptrolle spielt.“ „Ein Narzisst hört nie auf zu reden, aber er hört nie zu.“ „Wie ein Mensch andere Menschen behandelt, ist immer eine Reflexion von dem, was er selbst ist.“ „Wer mit einem Narzissten lebt, tanzt ständig auf einem Minenfeld aus Ego und Unsicherheit.“ „Narzissten sind Meister der Manipulation, aber sie täuschen sich oft selbst am meisten“.

Sprüche über Narzissmus und Manipulation

Egal in welcher Beziehung du zu einem Narzissten stehst, er kann dich in jeder Situation manipulieren. Dabei interessiert ihn nicht, wie du dich dadurch fühlst. Das zeigen auch die nächsten Sprüche über Narzissmus.

„Manipulation durch einen Narzissten ist wie ein unsichtbares Netz, das dich gefangen hält.“ „Hinter den Komplimenten eines Narzissten verbergen sich oft verborgene Forderungen.“ „Narzissten spielen gerne Schach mit den Gefühlen anderer, sie ziehen die Figuren nach ihren eigenen Regeln.“ „Narzissten manipulieren wie Marionettenspieler, aber die Fäden sind unsichtbar.“ „Narzissten sind Meister der Täuschung und Experten im Verbergen ihrer wahren Absichten.“

Aussagen über Narzissten

„Hinter dem Lächeln eines Narzissten verbirgt sich oft eine Agenda.“ „Narzissten sehen in anderen Menschen oft nur Werkzeuge, nicht Individuen.“ „Du wirst nie wirklich sehen, wie toxisch jemand ist, bis du frischere Luft atmest.“ „Manipulation ist die Muttersprache eines Narzissten“.

„Narzissten denken, sie seien die Sonne, um die sich alle anderen Planeten drehen, aber in Wirklichkeit sind sie nur kleine Sterne am Himmel des Lebens.“ „Narzissten sind die besten Geschichtenerzähler.“ „Manche Hähne glauben, dass die Sonne ihretwegen aufgeht.“ *(Theodor Fontane)*

„Narzissten sind wie schwarze Löcher – sie saugen die Aufmerksamkeit und Energie anderer Menschen auf, ohne jemals satt zu werden.“

„Für einen Narzissten ist die Wahrheit wie ein schmutziger Spiegel, den er vermeidet, anzusehen.“ „Narzissten versuchen, dein Leben mit Lügen zu zerstören, weil ihres mit der Wahrheit zerstört werden kann.“ „Für einen Narzissten ist Empathie nur ein weiteres Wort im Wörterbuch.“ „Die Wahrheit ist dem Narzissten zu einfach, er bevorzugt die Kunst des Täuschens.“ „Narzissten erzählen die Wahrheit nur zufällig, aber ihre Lügen sind gut geplant.“

„Ich habe vielleicht eine Person verloren, die mich nie geliebt hat. Aber du hast eine Person verloren, die dich am ehrlichsten geliebt hat.“

„Ich bin mutig genug, mich von Menschen zu trennen, die meine Seele vergiften und meine Werte nicht respektieren.“

Für Narzissten ist Lügen etwas ganz Normales. Wenn jemand aber ständig Geschichten erfindet, ist er ein notorischer Lügner.

Sprüche über Narzissmus und Lügen

Narzissten haben Angst vor Kränkung und Kritik. Deshalb ist es keine Seltenheit, dass sie anderen die Schuld für ihre Fehler geben und lügen, um Tatsachen zu verdrehen. Schau dir unsere passenden Narzissmus-Sprüche dazu an:

„Narzissten lügen, als ob die Wahrheit nur eine Option wäre.“ „Lügen ist die Sprache des Narzissmus, sie übertreiben, verdrehen und erfinden die Realität.“ „Ein Narzisst kann die Wahrheit so biegen, dass sie in seine Fantasiewelt passt.“

Abschiedsworte an einen Narzissten

Du willst dich endlich von dem Narzissten in deinem Leben trennen? Das ist meist gar nicht so einfach, doch hier findest du die richtigen Abschiedsworte an einen Narzissten!

„Unsere Beziehung hat mir gezeigt, wie wichtig es ist, meine eigenen Bedürfnisse und Grenzen zu respektieren.“

„Manchmal liegt die größte Stärke darin, loszulassen, und heute habe ich den Mut, genau das zu tun.“

„Die Entscheidung, sich von Narzissten zu trennen, ist ein Akt der Selbstachtung und inneren Stärke.“

Narzissten auf der Arbeit oder in der Familie – was kann ich tun?

Nicht immer kannst du dich einfach so von Narzissten trennen. Zum Beispiel, wenn du sie jeden Tag auf der Arbeit oder bei Familienfeiern sehen musst.

Versuche, nicht auf die beleidigenden Worte der Narzissten einzugehen, sondern bewusst auf Abstand zu bleiben. Wenn sie merken, dass sie dir nichts anhaben können, lassen Narzissten für gewöhnlich von dir ab. Vielleicht hilft dir dabei auch die Betrachtungsweise aus der Reporterebene und du kannst mit Abstand deren Verhalten und Aussagen betrachten und für dich nicht in die Bewertung gehen.

Typische Aussagen von Narzissten

Oft erkennst du Narzissten an dem Verhalten, wie sie mit anderen umgehen. Es gibt aber auch viele typische Aussagen, die einen Narzissten entlarven können.

Typische Aussagen von Narzissten in jeglicher Form von Überzeugungsoptik, oft gepaart mit Mimik, Gestik (Körpersprache) und eigener Überzeugungskraft:

- „Das habe ich nie gesagt."
- „Sei nicht so empfindlich."
- „Daran bist du selbst schuld."
- „Das bildest du dir nur ein."
- „Nie kann man sich auf dich verlassen."

Auch wenn du einen der nächsten Sprüche kennst, könntest du einen Narzissten in deinem Leben haben.

- „Ohne mich läuft hier gar nichts!"
- „Ich bin nun mal so, wie ich bin und damit musst du klarkommen!"
- „Das weißt du doch eh nicht, lass mich das machen."
- „Warum kannst du das nicht einfach vergessen?"
- „Du findest nie jemand besseren als mich!"

Werde bei solchen Aussagen von Narzissten aufmerksam. Lasse dir deine Gefühle und Empfindungen nicht absprechen!

Narzissten-Sprüche während der Kennenlernphase

Häufig überschütten Narzissten dich in der Kennenlernphase mit Geschenken und Komplimenten. Doch es gibt typische Aussagen von Narzissten in der Kennenlernphase, die ein Warnsignal für dich sein sollten! Warnhinweise sind immer dann selbsterklärend, wenn das Maß über das Normale hinausgeht. Mit Aussagen wie:

- „Du bist das Allerbeste, was mir je passiert ist."
- „Wir brauchen nur uns, sonst niemanden."
- „Du bist anders als die anderen Menschen, die ich getroffen habe. Du bist etwas Besonderes."
- „Ich werde dir alles geben, was du dir wünschst."

Natürlich heißt das nicht, dass dein Partner direkt ein Narzisst ist, wenn er so etwas mal gesagt hat. Aber du solltest darauf achten, dass er dich durch solche Aussagen nicht von sich abhängig macht. Vielleicht helfen dabei auch ein paar Reflexionsfragen.

Fragen zur Reflexion

Brauche ich wirklich keine anderen Menschen um mich herum?
Bin ich wirklich etwas Besonderes? Was unterscheidet mich von anderen Menschen?
Wird er/sie mir wirklich alles geben können, was ich brauche?

Typische Aussagen von Narzissten innerhalb der Beziehung

Es kommt nicht selten vor, dass Menschen in einer Beziehung mit einem Narzissten sind. Das liegt daran, dass sie die toxischen Anzeichen erst zu spät erkennen. Damit dir das nicht passiert, haben wir hier häufige Aussagen von Narzissten in einer Beziehung für dich zusammengefasst:

- „Niemand wird dich je so lieben, wie ich es tue."
- „Du bist ohne mich nichts."
- „Wenn du mich wirklich lieben würdest, würdest du das tun, was ich sage."
- „Ich opfere so viel für dich, und du tust nie genug für mich."
- „Mein(e) Ex hat das immer verstanden."
- „Du solltest dankbar sein, dass du mit jemandem wie mir zusammen bist."
- „Andere Leute bewundern mich und wünschten, sie wären an deiner Stelle."
- „Du machst immer alles falsch."
- „Wenn du nicht so viel Zeit mit deinen Freunden verbringen würdest, wäre unsere Beziehung viel besser."
- „Du versuchst immer, mich zu kontrollieren."
- „Ich bin zu gut für dich, du hältst mich zurück."

So erkennst du Narzissten

Oft fällt es schwer, Narzissten zu durchschauen. Sie sind nicht von Beginn an manipulativ und empathielos. Das kommt erst, wenn sie genug Kontrolle über dich haben. Damit du Narzissten früh erkennst, kannst du auf diese Warnsignale achten:

1. *Empathielosigkeit*
   Narzissten interessieren sich nur für sich selbst. Die Gefühle anderer sind ihnen egal. Das erkennst du zum Beispiel daran, wie sie mit Kellnern oder Putzkräften umgehen.
2. *Sehr hohes Selbstbewusstsein*
   Narzissten denken, dass sie alles können. Sie sind überzeugt von sich selbst und wollen immer die Kontrolle haben. Wenn du etwas besser kannst, geben Narzissten es auf keinen Fall zu.
3. *Verdrehen von Tatsachen*
   Besonders in Streitsituationen erkennst du Narzissten daran, dass sie Tatsachen verdrehen. Sie ändern ihre Meinung oder behaupten, dass Dinge überhaupt nicht so gewesen sind.
4. *Starker Drang nach Anerkennung*
   Narzissten wollen immer im Mittelpunkt stehen und suchen überall nach Anerkennung. Deshalb haben sie immer eine passende Geschichte parat, die sie spannend oder bewundernswert wirken lässt.

Die häufigsten Fragen

Welche Worte treffen einen Narzissten?
Gespräche mit Narzissten können sehr anstrengend sein. Mit diesen Worten triffst du Narzissten: „Dieses Thema interessiert mich nicht." oder „Das ist nichts Neues für mich."

Was ärgert den Narzissten am meisten?
Narzissten wollen immer im Mittelpunkt stehen und ärgern sich darüber, wenn sie keine Aufmerksamkeit bekommen. Sie fühlen sich dann am unwohlsten, wenn du komplett gelassen bist und sie nicht beachtest.

Was vertragen Narzissten nicht?
Narzissten mögen es überhaupt nicht, wenn andere das Kommando übernehmen oder sie nicht im Mittelpunkt stehen. Außerdem können sie nicht mit Kritik umgehen, weil sie sich dadurch beleidigt fühlen.

Toxische Menschen

Es ist nicht leicht, toxische Menschen loszuwerden. ***Was sind typische Sätze von Narzissten?***

Narzissten verwenden oft Sätze, die darauf abzielen, andere zu manipulieren, zu kontrollieren oder ihr eigenes Selbstbild zu stärken. Sie können Aussagen wie:

„Das habe ich nie gesagt", „Du bist doch verrückt", oder „Du bist schuld"

verwenden, um andere zu verunsichern und sich selbst aus der Verantwortung zu ziehen.

Hier sind noch einige typische Sätze und Aussagen, die von Narzissten verwendet werden:

Abwertung und Schuldzuweisung:

- „Das bildest du dir nur ein."
- „Du bist doch verrückt/gestört/nicht normal."
- „Du bist schuld."
- „Das habe ich nie gesagt."
- „Sei nicht so empfindlich."
- Manipulation und Kontrolle:
- „Wenn ich dir wirklich wichtig wäre, würdest du das nicht tun."
- „Ich bin das Beste, was du haben kannst."
- „Niemand wird dich jemals lieben."
- Selbstaufwertung und Großartigkeit:
- „Ich bin einzigartig/besonders."
- „Ich habe immer recht."
- „Ich bin besser als andere."
- Mangel an Empathie und Verantwortung:
- „Ich kann mich nicht entschuldigen, weil ich nichts falsch gemacht habe."
- „Du bist zu empfindlich."
- „Ich habe das nicht getan, das war jemand anderes."
- Verwendung von Lügen und Ausreden:
- „Das ist eine Lüge, das habe ich nie gesagt."
- „Ich habe es vergessen."
- „Ich habe keine Zeit, darüber zu reden."

Es ist wichtig zu beachten, dass diese Sätze nicht immer ein Zeichen für eine narzisstische Persönlichkeitsstörung sind, aber sie können ein Hinweis darauf sein. Wenn solche Sätze regelmäßig und in verschiedenen Kontexten verwendet werden, kann dies ein Warnsignal sein (Tab. 5.1).

Tab. 5.1 Typische Narzissten-Sprüche: Bedeutung und gesunde Reaktionen

Typischer Spruch	Was wirklich dahintersteckt	Gesunde Reaktion/innere Antwort
„Du bist einfach zu sensibel."	Gaslighting: Deine Wahrnehmung wird entwertet.	„Meine Gefühle sind gültig – ich darf spüren, was ich spüre."
„Du drehst dir alles so, wie du es brauchst."	Projektion: Der Narzisst spiegelt dir sein eigenes Verhalten.	„Ich bleibe bei meiner Wahrheit – ich muss mich nicht rechtfertigen."
„Ich will doch nur das Beste für dich."	Kontrolle wird als Fürsorge getarnt.	„Ich kann selbst entscheiden, was gut für mich ist."
„Wenn du mich wirklich lieben würdest, würdest du …"	Emotionale Erpressung – Liebe als Druckmittel.	„Liebe bedeutet nicht, mich selbst zu verleugnen."
„Ohne mich wärst du nichts."	Entwertung zur Aufrechterhaltung von Macht.	„Mein Wert hängt nicht von dir ab. Ich bin genug – auch allein."
„Du verstehst mich einfach nie."	Täter-Opfer-Umkehr: Du sollst dich schuldig fühlen.	„Ich bin nicht verantwortlich für deine Unzufriedenheit."
„Alle anderen sehen das genauso."	Soziale Manipulation, um dich zu isolieren.	„Ich vertraue meiner Wahrnehmung, nicht der angeblichen Meinung anderer."
„Du übertreibst – das war doch nur ein Witz."	Verdeckte Kränkung, die bagatellisiert wird.	„Humor auf meine Kosten ist nicht in Ordnung."
„Dafür kannst du dich ruhig mal bedanken."	Erwartung von Anerkennung für Kontrolle oder Manipulation.	„Ich erkenne nur aufrichtige, respektvolle Unterstützung an."

Hinweis zur Anwendung
Diese Tabelle eignet sich ideal zur Selbstreflexion, zum Erkennen manipulativer Dynamiken und zur Stärkung des inneren Selbstwerts. Du kannst sie auch als Grundlage für ein Tagebuch oder therapeutisches Gespräch nutzen, z. B., indem du eigene Beispiele ergänzt.

Sprache ist ein zentrales Werkzeug narzisstischer Kontrolle, oft leise, subtil, beinahe beiläufig. Doch wie wir gesehen haben, steckt hinter vielen scheinbar harmlosen Sätzen ein tiefer Mechanismus von Manipulation, Schuldzuweisung und emotionaler Abhängigkeit. Das Erkennen dieser sprachlichen Dynamiken ist ein kraftvoller Schritt auf dem Weg zur inneren Klarheit. Denn was wir bewusst benennen können, verliert an Macht über uns. Doch wie geht es weiter? Wie gelingt es, sich dauerhaft aus diesen Mustern zu lösen, nicht nur im Gespräch, sondern auch auf der Handlungsebene? Im nächsten Kapitel widmen wir uns genau dieser Frage: Wie entziehen wir narzisstischer Kontrolle ihre Wirksamkeit? Das nächste Kapitel zeigt dir Schwächen der Narzissten und wie sie diese verbergen. Ein Kapitel, welches dir zeigt, welche Möglichkeiten du hast, sie zu erkennen und ihnen vielleicht auch zu entkommen.

6

Die wahren Schwächen von Narzissten und wie sie sie verbergen

Narzisstische Persönlichkeiten sind oft umgeben von einer starken Fassade. Sie wirken selbstbewusst, charismatisch, überlegen und unantastbar. Sie scheinen eine klare Kontrolle über ihre Umwelt zu haben und strahlen oft eine Aura von Stärke und Unverletzlichkeit aus. Doch hinter dieser glänzenden Maske verbirgt sich eine andere Realität, eine Welt voller Unsicherheiten, Verletzungen und tiefsitzender Ängste.

Das Verständnis dieser verborgenen Schwächen ist entscheidend, wenn wir den Mechanismen von Narzissmus wirklich auf den Grund gehen wollen. Denn Narzissten sind nicht nur Meister darin, andere zu kontrollieren und zu manipulieren, sondern auch darin, ihre eigenen inneren Wunden vor sich selbst und ihrer Umgebung zu verstecken. Sie schützen ihr fragiles Selbstbild mit großem Aufwand und erschaffen so eine illusorische Welt, in der Schwäche keinen Platz hat.

Die wahren Schwächen von Narzissten und wie sie diese verbergen

Narzissten wirken oft selbstsicher, überlegen und unantastbar. Doch hinter dieser Fassade verbergen sich oft tiefe innere Verletzungen und Schwächen, die sie sorgfältig tarnen. Dieses Kapitel zeigt dir, welche Schwächen typisch sind und wie Narzissten versuchen, sie zu verbergen.

A. Lange-Weihs, *Ich sehe dich nicht*, https://doi.org/10.1007/978-3-662-73755-2_6

Narzissten haben ein zerbrechliches Selbstwertgefühl.
Trotz großer Selbstinszenierung fühlen sich Narzissten innerlich oft unsicher und wertlos. Sie brauchen ständige Bestätigung von außen, um das innere Vakuum zu füllen. Kritik wird als Bedrohung wahrgenommen und führt zu Abwehr oder Wut.

Narzissten leiden an emotionaler Verletzlichkeit.
Narzissten haben oft Schwierigkeiten, echte Nähe und Verletzlichkeit zuzulassen. Gefühle wie Scham, Angst oder Trauer werden verdrängt oder verleugnet. Um sich zu schützen, bauen sie Mauern und halten Distanz.

Sie nutzen mangelnde Empathie, denn das ist deren Schutzmechanismus.
Empathie fehlt nicht immer komplett, oft wird sie aus Angst vor Kontrollverlust unterdrückt. Diese emotionale Abschottung schützt vor eigener Verletzung, führt aber zu Beziehungsschwierigkeiten.

Narzissten neigen zu Überempfindlichkeit gegenüber Ablehnung.
Narzissten reagieren sehr empfindlich auf Zurückweisung oder Kritik. Selbst kleine Hinweise auf Fehler können heftige Abwehrreaktionen auslösen.

Sie leiden und haben Schwierigkeiten mit echten Bindungen.
Trotz Wunsch nach Bewunderung fürchten sie emotionale Nähe und Intimität. Beziehungen werden oft oberflächlich gehalten oder manipulativ gestaltet.

Sie brauchen den Kontrollzwang und Perfektionismus für ihre Sicherheit.
Der Drang, alles unter Kontrolle zu haben, soll Unsicherheiten kaschieren. Fehler werden nicht akzeptiert und führen zu innerem Stress.

Narzissten versuchen alles, um ihre Schwächen zu verbergen

Sie übertreiben mit Überkompensation durch großspuriges Verhalten und Prahlen. Ihre Manipulation sind von Kontrolle und Beeinflussung anderer geprägt. Sie betreiben Machtspielereien durch Abwertung, indem sie nach Schwächen bei anderen suchen, diese hervorheben, um von sich selbst abzulenken. Sie vermeiden Konflikte, laufen lieber weg oder weichen persönliche Themen aus. Oder sie nutzen das krasse Gegenteil und produzieren Streit, um dann in die Flucht zu gehen.

Was bedeutet das für dich? Vielleicht fällt es dir leichter, wenn du erkennst, dass hinter der Fassade Verletzlichkeit steckt. Das kann Mitgefühl wecken, aber keine Rechtfertigung für deren Missbrauch sein. Nutze dieses und dein Wissen, um dich besser abzugrenzen und zu schützen. Stärke dein eigenes Selbstwertgefühl, um nicht in die Manipulation zu geraten.

Diese innere Schutzmauer wird durch diverse Abwehrmechanismen aufrechterhalten. Leugnung, Verleugnung der eigenen Verletzlichkeit, Projektion der eigenen Unsicherheiten auf andere und die permanente Suche nach Bestätigung und Bewunderung. Ihre scheinbare Stärke ist somit häufig nichts anderes als ein Schutzmantel, der verhindert, dass ihre tiefe Angst vor Zurückweisung, Wertlosigkeit oder Kontrollverlust sichtbar wird.

In diesem Kapitel werden wir diese verborgenen Facetten beleuchten. Welche Ängste treiben Narzissten an? Wie manifestieren sich ihre inneren Wunden? Welche Strategien nutzen sie, um diese Schwächen zu verstecken und wie kannst du sie erkennen? Dieses Wissen ermöglicht es dir, nicht nur die offensichtlichen Verhaltensweisen zu sehen, sondern auch die leisen, oft unbewussten Signale hinter der Fassade zu deuten.

Indem du diese Dynamiken verstehst, wirst du besser in der Lage sein, dich zu schützen, empathisch zu reagieren, ohne dich dabei selbst zu verlieren und dich nicht mehr von äußeren Masken täuschen zu lassen. Du lernst, das scheinbar Unnahbare zu durchschauen und deine eigenen Grenzen und Ressourcen klar zu wahren.

Dieses Kapitel lädt dich ein, hinter die Maske zu blicken und die Wahrheit über Narzissmus noch tiefer zu erforschen, um damit deinen Weg zu mehr Klarheit, Freiheit und Selbstschutz weiterzugehen.

Typische Schwächen von Narzissten

1. *Geringes oder instabiles Selbstwertgefühl*
   - Trotz äußerer Selbstdarstellung ist das Selbstwertgefühl nicht stabil.
   - Narzissten sind extrem abhängig von äußerer Bestätigung.
   - Kritik oder Ablehnung wird als persönlicher Angriff erlebt.
2. *Kritikunfähigkeit*
   - Selbst kleinste Hinweise auf Fehler werden abgewehrt, bagatellisiert oder aggressiv beantwortet.
   - Oft werden andere sofort abgewertet („Du bist schuld!"), um sich selbst zu schützen.

3. *Mangel an echter Empathie*

   - Sie können sich kaum oder nur oberflächlich in andere hineinversetzen.
   - Gefühle anderer werden oft nicht ernst genommen oder ausgenutzt.

4. *Kontrollbedürfnis und Unsicherheit*

   - Der starke Wunsch nach Kontrolle entsteht aus innerer Angst vor Kontrollverlust.
   - Alles Unvorhersehbare wird als Bedrohung erlebt.

5. *Schwarz-Weiß-Denken*

   - Menschen werden entweder idealisiert oder entwertet, dazwischen gibt es wenig.
   - Dies führt zu instabilen Beziehungen und ständigem Wechsel zwischen Nähe und Abwertung.

6. *Neid und Konkurrenzdenken*

   - Narzissten vergleichen sich ständig mit anderen und fühlen sich leicht minderwertig.
   - Erfolg anderer wird oft schlechtgeredet oder herabgewürdigt.

7. *Unfähigkeit zu echter Nähe*

   - Tiefe, ehrliche Beziehungen überfordern sie.
   - Sobald Intimität entsteht, wird emotionaler Rückzug oder Angriff aktiviert („Abwehr gegen Nähe").

8. *Abhängigkeit von Bewunderung*

   - Sie brauchen ständige Anerkennung, Lob, Aufmerksamkeit.
   - Ohne diese „Zufuhr" können sie in Leere, Wut oder Depression fallen.

9. *Fehlende Selbstreflexion*

   - Es fällt ihnen schwer, sich selbst ehrlich zu hinterfragen.
   - Oft ist kein echtes Verantwortungsgefühl für das eigene Verhalten vorhanden.

10. *Angst vor Entlarvung*

    - Die größte Angst vieler Narzissten: entdeckt zu werden – dass andere merken, wie tief die Unsicherheit wirklich sitzt.
    - Das führt oft zu übertriebener Perfektion, Kontrolle oder Dominanzverhalten.

Hinter der Fassade der Überlegenheit verbirgt sich oft eine tiefe innere Verletzlichkeit. Narzissten leiden oft unbewusst an ihrer eigenen Unverbundenheit. Das macht sie nicht immer böse, aber sehr herausfordernd im Umgang.

Welche Formen von Narzissmus beinhalten fragile Persönlichkeitsstrukturen?

Welche Formen können zu Suizid neigen?

Das Thema Narzissmus ist vielschichtig, besonders dort, wo fragile Persönlichkeitsstrukturen betroffen sind. Diese *zerbrechlichen* narzisstischen Ausprägungen können nach außen oft weniger offensichtlich sein, bergen aber ein hohes Risiko für psychische Krisen bis hin zu suizidalen Tendenzen, insbesondere in Momenten von Identitätsbedrohung, Scham oder Kontrollverlust. Wenn das Kartenhaus zusammenbricht, bricht die Fassade des Narzissten und ist für ihn meist nicht ertragbar.

Formen von Narzissmus mit fragilen Persönlichkeitsstrukturen

Verdeckter (vulnerabler) Narzissmus bedeutet innere Fragilität trotz äußerlich angepasster oder selbstloser Haltung. Diese Form ist stark abhängig von externer Bestätigung. Neigung zu Selbstwertzusammenbrüchen bei Zurückweisung oder Kränkung von anderen Menschen. Emotionale Reaktionen durch Rückzug, Depression, Opferhaltung, verdeckter Groll bis zur inneren Wut. Deren Risiko können depressive Episoden, Selbstverletzung (Form von Substanzmissbrauch, Magersucht, andere Suchttendenzen), Suizidgedanken bei massivem Kontrollverlust bis zum Suizid selbst sein.

Typisch in Beziehungen: stille Vorwürfe, Schuldzuweisungen, passiv-aggressive Kommunikation.

Maligner Narzissmus mit depressiven Anteilen bedeutet eine Kombination aus Grandiosität, Aggression und innerer Verletzlichkeit. Häufig verbunden mit Persönlichkeitsstörung im Cluster B (v. a. Borderline-Anteile). Kann zu suizidalem Verhalten führen, wenn externe Bewunderung oder Kontrolle vollständig wegbricht. Deren Risiko können suizidale Impulsdurchbrüche v. a. in Trennungssituationen oder nach öffentlicher Bloßstellung sein. Aufgrund des inneren hohen Drucks kann ein Spontansuizid erfolgen.

Narzisstische Persönlichkeitsstörung mit komorbider Depression bedeutet, dass diese oft bei älteren oder gescheiterten Personen („alternder Narzisst“) auftritt. Wenn das Selbstbild („Ich bin überlegen“) nicht mehr aufrechterhalten werden kann, entsteht eine tiefe Sinnkrise. Deren Risiko kann in suizidalem Denken aus Scham, Selbsthass oder Leere resultieren.

Narzissmus mit psychosomatischer oder somatischer Überlagerung, besonders somatischer Narzissmus (Fixierung auf Körper, Leistung, Jugendlichkeit/Schönheit), kann bei Kontrollverlust (Alter, Krankheit, Schwäche/Unfälle mit körperlichen Einschränkungen) in depressive Krisen münden. Hier liegt die Fragilität im narzisstischen Körper-Idealbild. Deren Risiko kann zu Identitätsverfall bis hin zum Rückzug zu einer psychischen Dekompensation, im schlimmsten Fall zu suizidalen Handlungen, führen.

Suizidalität bei narzisstischen Persönlichkeitsanteilen

Nicht alle Narzissten sind suizidgefährdet. Die Gefahr steigt, wenn Realitätsverlust oder Kontrollverlust eintritt oder öffentliche Entwertung oder Ablehnung stattfindet. Wenn Liebesverlust das Selbstwertsystem bedroht und Einsamkeit nicht mehr verdrängt werden kann.

Suizidversuche können instrumental (Drohung, Kontrolle) oder verzweifelt sein.

Suizidhandlungen können spontan aus dem Affekt, geplant oder sekundär begleitet sein.

Therapeutische Hinweise: frühzeitig differenzieren zwischen: kompensierter vs. dekompensierter Narzissmus und verletzliche vs. grandiose Ausdrucksform. Den Aufbau von Stabilisierungstechniken vor Konfrontation oder Spiegelung bedenken. Die Arbeit mit Affektregulation, Achtsamkeit, Innere-Kind-Arbeit und Beziehungsreparatur, sowie Suizidprävention durch klare Risikoabschätzung, Notfallpläne, ggf. stationäre Schutzmaßnahmen sind zu beachten.

Weiterführende Literatur

- Ronningstam, Elsa (2005): *Identifying and Understanding the Narcissistic Personality.*
- Pincus, Aaron et al. (2015): *Pathological Narcissism and Narcissistic Personality Disorder.*
- Akhtar, Salman (2000): *Broken Structures: Severe Personality Disorders and Their Treatment.*
- Kernberg, Otto (1995): *Aggression in Personality Disorders and Perversions.*

Narzisstisch-borderline-hybride Strukturen

Narzisstisch-borderline-hybride Strukturen bezeichnen Persönlichkeitsstrukturen, bei denen narzisstische und borderlinehafte Anteile gleichzeitig oder wechselseitig auftreten. Solche Mischformen sind in der therapeutischen Praxis nicht selten und stellen oft eine besondere diagnostische und therapeutische Herausforderung dar, vor allem, weil sie sehr ambivalent, impulsiv und emotional instabil, zugleich aber auch grandios und manipulativ erscheinen können.

Was bedeutet „hybrid" in diesem Kontext?

Eine hybride Struktur meint, dass bei einem Menschen nicht klar abgegrenzt nur eine Persönlichkeitsstörung, sondern eine überlappende Mischung aus verschiedenen Stilen vorliegt, in diesem Fall aus:

- Narzisstischen Anteilen: Grandiosität, Selbstidealisierung, Überempfindlichkeit gegenüber Kritik, Entwertung anderer
- Borderline-Anteilen: instabile Beziehungen, emotionale Dysregulation, Verlassenheitsangst, Identitätsdiffusion, Impulsivität

Diese Anteile können sich abwechseln oder gleichzeitig zeigen, häufig in spezifischen Beziehungskontexten (Tab. 6.1).

Tab. 6.1 Charakteristische Merkmale der narzisstisch-borderline-hybriden Persönlichkeit

Merkmal	Ausprägung
Selbstbild	Schwankend zwischen Überhöhung („Ich bin besonders") und Selbstverachtung („Ich bin nichts wert")
Beziehungen	Intensiv, oft chaotisch – Bedürfnis nach Nähe vs. Angst vor Entwertung und Abhängigkeit
Gefühlslage	Wechsel zwischen Leere, Wut, Euphorie, Scham, Angst, kaum stabile Affektlage
Empathie	Situativ möglich, aber meist stark eingeschränkt, vor allem bei Kränkung
Verhalten	Manipulativ, fordernd, impulsiv, oft durch Projektion oder Spaltungsmechanismen
Kränkungsverarbeitung	Extreme Reaktionen: Rückzug, Racheimpulse, Suizidandrohung, Idealisierungswechsel
Verlassenheitsangst	Hoch, gleichzeitig starke Abwertung anderer zur Selbststabilisierung

Dynamik im sozialen Umfeld

Menschen mit dieser Struktur lösen häufig intensive emotionale Reaktionen in anderen aus: eine Reihe von Faszination, Schuldgefühlen, Wut, Retterimpulsen. In Beziehungen zeigen sich Extreme von Idealisierung und Entwertung, oft begleitet von emotionaler Erpressung und Dramatisierungen. Bei Trennung oder Kritik kommt es schnell zu inneren und äußerlichen Wutausbrüchen, Selbstverletzungen oder Suiziddrohungen und Suizidhandlungen.

Diagnostische Schwierigkeiten

Diese Mischform ist nicht offiziell als eigene Störung im ICD-10 oder DSM-5 definiert. In der Praxis treten sie oft als komorbide Persönlichkeitszüge auf, z. B.: Narzisstische Persönlichkeitsstörung mit Borderline-Zügen; emotional instabile Persönlichkeitsstörung mit narzisstischer Kompensation.

Wichtig ist eine differenzierte, strukturbezogene Diagnostik, z. B. nach OPD (Operationalisierte Psychodynamische Diagnostik).

Therapeutischer Umgang: Eine Herausforderung – Was braucht diese Klientel?

Wichtig für den Umgang: „Stabile therapeutische Beziehung mit klaren Grenzen. Validierung und Konfrontation in Balance. Förderung von Affektdifferenzierung und Frustrationstoleranz. Arbeit am Selbstbild, an frühkindlichen Beziehungserfahrungen und narzisstischen Wunden. Strukturaufbau, ggf. auch mit schematherapeutischen Ansätzen."

Therapierisiken: Idealisierung und anschließende massive Entwertung des Therapeuten, Therapieabbrüche, emotionale Überflutung.

Literaturhinweis

- Kernberg, Otto (2009): *Borderline-Störungen und pathologischer Narzissmus.*
- Maaz, Hans-Joachim (2024): *Das falsche Leben – Ursachen und Folgen unserer normopathischen Gesellschaft.*
- McWilliams, Nancy (2020): *Psychoanalytic Diagnosis.*
- OPD (2024) (Operationalisierte Psychodynamische Diagnostik).

Strategien zur Entmachtung narzisstischer Kontrolle

Strategien zur Entmachtung narzisstischer Kontrolle – zurück in die eigene Kraft

Wer über längere Zeit mit einem narzisstischen Menschen verbunden war, sei es familiär, partnerschaftlich, beruflich oder therapeutisch kennt das lähmende Gefühl, innerlich „ausgehöhlt" zu sein. Narzisstische Kontrolle wirkt oft nicht durch Gewalt oder Lautstärke, sondern durch emotionale Verwirrung, schleichende Grenzverschiebung, Schuldgefühle und das Gefühl, nicht mehr auf die eigene Wahrnehmung vertrauen zu können.

Dieses Kapitel ist eine Einladung zur Rückeroberung deiner inneren Autorität. Es geht nicht darum, den Narzissten zu verändern, sondern darum, die Mechanismen zu durchschauen, emotionalen Abstand zu gewinnen und die eigene Selbstwirksamkeit Schritt für Schritt zurückzuholen.

Narzisstische Kontrolle basiert auf einem Spiel aus Macht und Ohnmacht. Doch dieses Spiel funktioniert nur, wenn du weiter mitspielst. In dem Moment, in dem du deine Aufmerksamkeit abziehst, deine Grenzen neu definierst und innerlich Klarheit gewinnst, verliert das System seine Kraft.

- Wie erkennst du emotionale Manipulation und wie unterbrichst du sie sofort?
- Welche Strategien helfen, Grenzen zu setzen, ohne Schuldgefühle?
- Wie löst du dich innerlich von Schuld, Angst oder Anpassungsdruck?
- Warum und wann ist kein Kontakt („No Contact") manchmal der heilsamste Weg?
- Wie kannst du deinen Selbstwert unabhängig vom Verhalten anderer wieder stabilisieren?

Was du in diesem Kapitel erwarten darfst:

Dieser Abschnitt richtet sich an alle, die sich nicht länger manipulieren, kleinhalten oder emotional entwerten lassen wollen. Es bietet dir praktische Werkzeuge und mentale Klarheit, um nicht nur zu überleben, sondern wieder aus vollem Herzen zu leben.

Narzissten entmachten: Strategien zur Selbstbefreiung

Der Umgang mit Narzissten kostet oft Kraft und Selbstwert. Dieser Abschnitt zeigt dir, wie du dich aus ihrer Manipulation löst, Grenzen setzt und deine innere Stärke zurückeroberst. Mit diesen Schritten kannst du den Einfluss narzisstischer Personen auf dein Leben minimieren und deine innere Freiheit wiederfinden. Eine grob umrissene Struktur findest du hier:

Erkenne die Mechanismen. Manipulation, Gaslighting, Schuldzuweisungen sind Mittel zur Kontrolle. Narzissten nutzen deine Empathie, um Macht zu gewinnen. Ihre Angriffe dienen der eigenen Unsicherheit und Selbsterhöhung.

Setze klare Grenzen. Sage deutlich „Nein" ohne Schuldgefühle. Wenn möglich, reduziere den Kontakt. Vermeide Rechtfertigungen oder Erklärungen.

Stärkung deines Selbstwerts durch die Pflege deiner Bedürfnisse und Wünsche. Führe ein Erfolgs- und Dankbarkeitstagebuch. Suche dir Unterstützung bei Freunden, Familie oder Therapeuten.

Emotionale Distanz schaffen durch Ruhe und Sachlichkeit in Konflikten. Lass dich nicht auf Provokationen ein. Übe dich in Achtsamkeit und Selbstfürsorge.

Unterstützende Techniken durch Visualisieren einer Schutzblase oder eines sicheren Raums. Nutze Affirmationen wie „Ich bin genug" oder „Ich lasse mich nicht mehr kontrollieren." Entwickle dein eigenes Empowerment-Ritual.

Wenn der Kontakt unvermeidlich ist. Bereite dich mental vor und nutze kurze, klare Kommunikation. Vertraue deinem Bauchgefühl und erkenne Warnsignale für dich selbst.

Narzissten entmachten: So kannst du dich schützen und befreien

Wer mit einem narzisstischen Menschen zu tun hat, sei es in der Familie, in der Partnerschaft oder im Beruf, spürt oft ein Gefühl von Ohnmacht, Schuld, Verwirrung oder Erschöpfung. Die gute Nachricht ist, dass du dich schützen, abgrenzen und sogar das emotionale Machtspiel durchbrechen kannst.

Nachfolgend gehe ich auf drei zentrale Fragen ein:

1. **Was sagt es über mich aus, wenn ich Narzissten anziehe?**

Zunächst einmal: Es ist keine Schuldfrage, aber es lohnt sich, ehrlich hinzusehen.

Wenn du immer wieder an narzisstische Menschen gerätst, steckt oft ein unbewusstes Beziehungsmuster dahinter, das meist in der Kindheit geprägt wurde:

Du hast vielleicht früh gelernt, Liebe zu „verdienen", statt sie bedingungslos zu bekommen. Möglicherweise warst du für die Stimmung anderer verantwortlich, hast dich angepasst, erklärt, Streitsituationen geglättet oder nachgegeben, aufgegeben. Vielleicht fühlst du dich besonders lebendig, wenn du „gebraucht wirst" – ein klassisches Co-Narzissmus-Muster.

Das bedeutet für dich: Du hast gelernt, dich selbst zurückzustellen und das sendet Signale aus, die Narzissten instinktiv erkennen. Sie „riechen" Menschen mit schwacher Abgrenzung und emotionaler Verfügbarkeit. Eine mögliche Lösung beginnt hier, indem du Selbstwert steigerst, anstatt in die Helferrolle zu fallen. Sobald du dich selbst wieder in den Mittelpunkt deines Lebens stellst, wirst du für Narzissten unattraktiv und für gesunde Beziehungen offen.

2. Wie verändere ich das Verhalten eines Narzissten?

Kurz gesagt: *gar nicht!* Der wichtigste Schritt ist das Loslassen der Illusion, dass du einen Narzissten „retten", „heilen" oder „erklären" kannst. Narzisstische Menschen verändern sich nur dann, wenn sie selbst echten Leidensdruck empfinden und einsehen. Und das ist selten der Fall, weil sie ihre Probleme meist auf andere projizieren. Sie selbst sehen sich meist immer als Opfer.

Typische Reaktionen auf Veränderungsversuche von Narzissten sind Abwehr, Wut, Schweigen, Rückzug, Gaslighting („Das hast du dir eingebildet"), Umkehr der Schuld („Du bist viel zu empfindlich") oder vorübergehender Charme, um dich zurückzugewinnen. Das tun sie so lange, bis sie ihr Ziel erreichen.

Merke dir: Der Narzisst schützt sein fragiles Selbstbild, nicht eure Beziehung. Deshalb: Fokussiere dich nicht auf Veränderung bei ihm sondern auf Klarheit in dir.

3. Wie verändere ich mein Verhalten gegenüber einem Narzissten?

Hier kommen die wichtigsten Strategien, um dich zu schützen und einen Narzissten emotional zu entmachten.

Grenzen setzen: ruhig, klar, konsequent. Sag nicht: „Ich fühle mich verletzt, wenn du so redest." Sondern: „Wenn du mich anschreist, beende ich das Gespräch".

Nicht erklären, nicht rechtfertigen. Narzissten lieben es, dich in Diskussionen zu verstricken. Übe stattdessen sachliche Kurzkommunikation: „Nein." „Das sehe ich anders." „Das ist nicht verhandelbar."

Nicht emotional reagieren. Wut, Tränen oder Rechtfertigungen geben dem Narzissten Macht. Übe „emotionale Nüchternheit", sei freundlich, aber distanziert. Du darfst innerlich fühlen, aber äußerlich ruhig bleiben.

Beobachte, statt zu kämpfen. Statt dich in die Dynamik zu verstricken, tritt innerlich einen Schritt zurück: „*Was passiert hier gerade? Was versucht die andere Person mit mir zu machen?*" Das schafft mentale Klarheit und unterbricht das Spiel.

Hole dir Unterstützung. Narzisstische Beziehungen isolieren, sie untersagen Freundschaften, oft auch familiären Kontakt. Suche dir jetzt gezielt Menschen, die dich sehen und ernst nehmen. Auch Therapie oder Beratung als Unterstützung kann helfen, innere Muster zu lösen. Vielleicht kannst du dir Gespräche alter Freundschaften oder der Familie suchen. Wenn du deine Sichtweise schilderst, erzählst, was dir passiert ist, wirst du meist auf Verständnis treffen und Unterstützung erhalten.

Wie wirst du einen Narzissten los?

Wenn du wirklich frei sein willst, braucht es Klarheit und oft auch Mut. Beende die emotionale Abhängigkeit, auch wenn der Körper sich nach Nähe sehnt. Ziehe konkrete Grenzen: räumlich, kommunikativ, juristisch (wenn nötig). Brich den Kontakt ab, wenn kein gesunder Austausch möglich ist, besonders bei toxischen Eltern, Partnern oder Vorgesetzten. Mach dir bewusst: Du darfst gehen, auch ohne Zustimmung deines Gegenübers. Du kannst einen Narzissten nicht heilen, aber du kannst dich selbst heilen. Damit entziehst du ihm die wichtigste Quelle seiner Macht und deine Energie, deine Aufmerksamkeit, deine Anpassung. Wenn du erkennst, was dich bindet, kannst du dich befreien. Hier im nächsten Abschnitt bekommst du Übungen und Strategien, um dich abgrenzen zu können.

Material zu Kap. 6

Übung – Strategie: „Innere Entkopplung" – Reagiere nicht auf den Köder

Ziel: Emotionale Unabhängigkeit aufbauen, Manipulationsversuche erkennen und innerlich aussteigen.

Hintergrund: Narzisstische Kontrolle basiert oft auf sogenannten *Ködern:* gezielte Provokationen, Schuldzuweisungen, subtile Abwertungen oder emotionale Reize, die dich dazu bringen sollen, dich zu rechtfertigen, zu entschuldigen oder dich schuldig zu fühlen.

Solange du emotional darauf reagierst, bleibst du im Spiel. Die Kraft liegt im *Nicht-Reagieren,* in der inneren Entkopplung.

Schritt-für-Schritt-Anleitung

1. **Erkenne den Köder**

Typische Köder sind:

- Abwertende Bemerkungen („Du bist halt zu empfindlich.“)
- Schuldumkehr („Ich hab das nur wegen dir gemacht.“)
- Vergleiche („Andere hätten das besser gemacht.“)
- Pseudofürsorge („Ich meine es ja nur gut.“)

Innere Frage: Versucht mein Gegenüber gerade, mich emotional zu greifen?

2. **Atmen, nicht reagieren**

Sobald du den Köder erkennst:
Atme tief ein. Spüre deine Füße auf dem Boden.
Sag dir innerlich: „Ich steige nicht ein.“
Bleib äußerlich neutral. Keine Verteidigung, keine Erklärung. Schweigen oder ein einfaches:
„Das sehe ich anders.“
„Danke für deine Meinung.“
„Ich denke, das klären wir später.“

3. **Emotionen später reflektieren, nicht im Gespräch**

Nach dem Kontakt kannst du deine Gefühle bewusst wahrnehmen und regulieren, aber nicht vor dem Narzissten entblößen. Das würde sonst erneut gegen dich verwendet.

Schreibe dir auf:

- Was hat mich getriggert?
- Was war der Köder?
- Welche alte Wunde wurde vielleicht berührt?
- Wie kann ich mir jetzt selbst Mitgefühl geben?

4. **Wiederhole diesen inneren Satz wie ein Schutzmantra:**

„Ich muss mich nicht beweisen. Ich bleibe in meiner Mitte."
„Nicht alles, was gesagt wird, verdient eine Reaktion."
„Ich darf aussteigen, auch wenn es unvollständig wirkt."
Tipp zur Verstärkung:
Kombiniere diese Strategie mit einem Körpersignal (z. B. rechte Hand auf Brust, tiefer Atemzug) so verknüpfst du mentale Klarheit mit einem körperlichen Anker.

Diese Strategie ist besonders hilfreich in Gesprächen mit narzisstischen Partnern, Eltern oder Kolleg:innen. Sie schützt deine Energie und verhindert emotionale Vereinnahmung.

Notfallblatt: Innere Entkopplung bei narzisstischer Kontrolle

(Für akute Gespräche oder Begegnungen)

1. *Erkenne den Köder*

Wirst du gerade provoziert, kritisiert oder emotional manipuliert?
Beispiel-Köder:
„Du bist zu empfindlich."
„Ich hab das nur wegen dir getan."
„Andere hätten das besser gemacht."
Sage dir innerlich:
„Achtung, Köder! Ich steige nicht ein."

2. *Atme und finde deine Mitte*

- Tiefer Atemzug.
- Spüre deine Füße auf dem Boden.
- Leg, wenn möglich, kurz die Hand auf dein Herz oder deinen Bauch.

Inneres Mantra: „Ich bin bei mir. Ich muss nichts beweisen."

3. *Neutral antworten, keine Verteidigung*

Statt Rechtfertigung oder Gegenangriff:

- „Danke für deine Meinung."
- „Ich sehe das anders."
- „Darüber denke ich in Ruhe nach."
- Oder: Schweigen.

Kein emotionaler Einstieg und keine Erklärungen.

4. *Reflexion nach dem Gespräch*

Nach dem Kontakt aufschreiben:

- Was war der Köder?
- Was hat mich getriggert?
- Wie kann ich mir selbst Mitgefühl geben?

Affirmation: „Ich darf mich schützen. Ich darf mich entziehen. Ich bleibe mir treu."

Tipp: Falte dieses Blatt klein, bewahre es im Portemonnaie oder der Handy-Hülle auf, als Erinnerung daran, dass du immer einen inneren Ausweg hast.

20 Strategiesätze zur Entmachtung narzisstischer Kontrolle

1. „Ich muss mich nicht rechtfertigen, um wertvoll zu sein."
2. „Ich bin nicht verantwortlich für die Gefühle oder Reaktionen meines Gegenübers."
3. „Ich darf Nein sagen, ohne mich schuldig zu fühlen."
4. „Grenzen zu setzen ist kein Angriff, sondern Selbstfürsorge."
5. „Ich erkenne Manipulation und steige bewusst aus dem Spiel aus."
6. „Ich entscheide, wie viel Raum ich jemandem in meinem Leben gebe."
7. „Ich lasse mich nicht durch Schweigen, Schuld oder Kritik steuern."
8. „Ich muss niemanden retten, vor allem nicht auf Kosten meiner selbst."
9. „Ich achte auf meine Intuition – sie warnt mich, bevor mein Verstand es versteht."
10. „Ich darf für mich sorgen, auch wenn andere das als egoistisch empfinden."

11. „Ich verliere keine Liebe, wenn ich aufhöre, mich anzupassen, ich gewinne Würde."
12. „Ich bin nicht mehr verfügbar für emotionale Spiele."
13. „Ich muss niemandem gefallen, der mich klein hält."
14. „Ich bin bereit, Kontrolle loszulassen, die nie meine war."
15. „Ich reagiere nicht mehr automatisch, ich wähle bewusst meine Haltung."
16. „Ich löse mich von der Illusion, gebraucht zu werden, um geliebt zu sein."
17. „Ich schütze mein inneres Kind vor wiederholten Verletzungen."
18. „Ich wähle Frieden und nicht Drama."
19. „Ich bin kein Spiegel für den Selbstwert anderer, ich bin mein eigenes Licht."
20. „Ich darf gehen, wenn etwas dauerhaft schadet, selbst wenn andere bleiben."

Diese Sätze kannst du als Tagesimpuls nutzen (z. B. 1 Satz pro Tag reflektieren), in einer Therapie- oder Coaching-Sitzung besprechen, als Teil eines persönlichen Notfallzettels bei Triggern verwenden, oder als Karten für deine Wand, deinen Kalender oder dein Tagebuch aufschreiben.

Weitere Werkzeuge zur Entmachtung narzisstischer Kontrolle

1. **Realitäts-Check-Protokoll**

Ein schriftliches Übungsblatt, das dir hilft, zwischen Manipulation und Realität zu unterscheiden:

Aussage/ Verhalten	Was wurde gesagt oder getan?	Wie fühle ich mich?	Ist das fair, logisch, wahr?	Meine gesunde Reaktion
„Du bist zu empfindlich."	Ich habe meine Grenze genannt.	Beschämt, verunsichert	Nein, meine Grenze war klar.	Ich bleibe bei meinem Nein.

Nutze dieses Tool regelmäßig nach belastenden Kontakten.

2. **„Was gehört zu wem?“ Schuld- und Verantwortungsübung**

Ein visuelles Tool: Ziehe eine Trennlinie auf ein Blatt:

- **Links**: Aussagen, Schuldzuweisungen, Erwartungen der narzisstischen Person
- **Rechts**: Was davon **tatsächlich** *deine Verantwortung* ist

Ziel: Klare Trennung von Fremd- und Selbstverantwortung → emotionale Entlastung.

3. **Abgrenzungsritual (5-Minuten-Tool)**

Geeignet für den Abschluss eines Gesprächs oder als Tagesausklang:

- Setze dich hin, schließe die Augen.
- Atme tief in deinen Brustraum.
- Sprich innerlich: „Ich lasse alles los, was nicht mir gehört. Ich bin bei mir.“
- Stelle dir eine schützende Lichtkugel um dich vor.
- Atme ruhig aus: „Ich bin sicher in mir.“

4. **Der „innere Verteidigungsraum“ (Imaginationsübung)**

Visualisiere einen sicheren inneren Ort:

- Raum mit stabilen Wänden, Tür mit Schloss, klare Fenster
- Dort befinden sich deine Werte, Grenzen, Kraftquellen
- Stell dir vor: *Du bestimmst, wer hinein darf und wer nicht*

Wirksam bei Triggern und zur inneren Stabilisierung.

5. **Kommunikationsmantra: „Weniger ist mehr.“** Trainiere dich in:

- Kürzeren Sätzen
- Weniger Rechtfertigung
- Keine Gefühlsdiskussionen mit toxischen Personen

Beispiel: „Das sehe ich anders“ statt „Ich verstehe dich, aber ich meinte nur …“

„Ich treffe meine Entscheidung“ statt „Du musst das verstehen …“

6. **„Entgiftungs-Notizbuch"**

   Führe ein kleines Buch, in das du schreibst:

- Verletzende Sätze oder Manipulationen (aus deinem Kopf)
- Deine gesunden Gegenantworten
- Deine Beobachtungen, wie du dich stärkst

   Fördert Entladung, Klarheit und Selbstempathie.

7. **Grenzen-Formel: K.O.N.K.R.E.T.**

   Ein Merksatz zur gesunden Grenze:

- **K**lar
- **O**hne Schuld
- **N**icht verhandelbar
- **K**urz
- **R**uhig
- **E**mpathisch zu dir
- **T**reffsicher im Ton

   Beispiel: „Ich möchte darüber jetzt nicht sprechen."
   „Das ist für mich erledigt."
   „Ich ziehe mich zurück, wenn das so weitergeht."

Nachdem du nun Werkzeuge kennst, um dich emotional zu schützen und narzisstische Manipulation zu durchschauen, hast du einen wichtigen Schritt in deine innere Freiheit getan. Doch Narzissten sind Meister darin, ihre wahren Schwächen hinter einer glänzenden Fassade zu verstecken. Um langfristig souverän zu bleiben, ist es hilfreich, diese verborgenen Verletzlichkeiten zu erkennen und zu verstehen. Denn wenn du die Masken durchschauen kannst, wird das Verhalten deines Gegenübers für dich transparenter und deine Reaktionen noch freier.

Im nächsten Abschnitt widmen wir uns der Hoffnung, helfen zu können. Die Hoffnung auf Heilung: Wie kann ich einen Narzissten heilen oder ihm bei der Heilung helfen. Es ist ein zutiefst menschliches und verständliches Gefühl. Die Menschen, die wir lieben, selbst wenn sie narzisstisch geprägt sind, zu unterstützen und vielleicht sogar „heilen" zu wollen. Wobei wir schon in vergangenen Kapitel verstanden haben, dass Narzissten sich nur selbst heilen können. Du kannst gegebenenfalls nur deine Hilfe anbieten und das auch nur, wenn du selbst stark bist. Die nächste Übung ist eine Reflexion, um hinter der Fassade zu blicken.

Reflexionsübung: Hinter die Maske blicken

Diese Übung hilft dir, die verborgenen Ängste und Schwächen, die hinter narzisstischem Verhalten stehen können, besser zu erkennen und zu verstehen, ohne dich dabei emotional vereinnahmen zu lassen.

1. **Schritt: Beobachte ohne Urteil**

Denke an eine Person aus deinem Leben, die narzisstische Züge zeigt oder bei der du narzisstisches Verhalten vermutest.

Frage dich:

- Welche Fassade zeigt diese Person nach außen?
- Welche Verhaltensweisen und Reaktionen fallen dir besonders auf?

Schreibe deine Beobachtungen sachlich auf, ohne sie zu bewerten.

2. **Schritt: Vermute die verborgenen Ängste**

Stelle dir vor, welche inneren Unsicherheiten oder Ängste hinter der Fassade stecken könnten. Zum Beispiel:

- Angst vor Ablehnung oder Wertlosigkeit
- Angst, Kontrolle zu verlieren
- Gefühl der inneren Leere oder Unzulänglichkeit

Notiere, welche Schwächen oder Verletzlichkeiten du dir vorstellen kannst, die diese Person zu verbergen versucht.

3. **Schritt: Überlege, wie diese Ängste sich zeigen**

Reflektiere, auf welche Weise die vermuteten Ängste und Schwächen die Handlungen und Beziehungen der Person beeinflussen könnten.

- Welche Strategien nutzt die Person, um sich zu schützen?
- Wie wirken sich diese auf dich und andere aus?

4. **Schritt: Deine eigene Haltung**

Überlege, wie dir dieses Verständnis helfen kann:

- Wie kannst du deine Grenzen schützen, ohne dich selbst zu verlieren?
- Wie kannst du Empathie zeigen, ohne in die Rolle des Retters oder Opfers zu geraten?
- Welche inneren Ressourcen möchtest du stärken, um emotional stabil zu bleiben?

Schreibe dir einige konkrete Schritte oder Affirmationen auf, die dir dabei helfen.

Beispiel-Affirmation:

„Ich erkenne die Verletzlichkeit hinter der Maske. Ich schütze mich und bewahre meine innere Stärke“.

Diese Übung fördert einen bewussten Umgang mit narzisstischen Dynamiken, indem sie dich ermutigt, sowohl die äußere Maske als auch die verborgenen inneren Prozesse wahrzunehmen und so gestärkt deinen eigenen Weg zu gehen.

Geführte Meditation: Die Maske erkennen und innere Stärke finden

Setze oder lege dich bequem hin. Schließe sanft deine Augen. Atme tief ein … und langsam wieder aus. Spüre, wie mit jedem Atemzug Ruhe in deinen Körper und Geist fließt.

Stelle dir vor, du befindest dich an einem sicheren Ort. Ein Ort, an dem du dich geborgen und geschützt fühlst. Das kann ein realer Ort sein oder ein Ort deiner Fantasie.

Vor dir steht eine Person, die dir bekannt ist und die du als narzisstisch empfindest. Nimm sie wahr, so, wie sie sich dir zeigt. Vielleicht mit einer Maske, einer Fassade, die Stärke und Selbstbewusstsein ausstrahlt.

Nun beobachte ganz bewusst: Welche Emotionen, welche Worte, welches Verhalten zeigt diese Person nach außen? Erlaube dir, diese Eindrücke neutral wahrzunehmen, ohne zu bewerten.

Stelle dir vor, du kannst die Maske dieser Person langsam abnehmen. Du siehst dahinter eine verletzliche Seele, die Angst hat. Angst vor Zurückweisung, vor Wertlosigkeit, vor dem Alleinsein.

Atme tief ein und sende dieser verletzten Seite Mitgefühl und Verständnis. Du musst sie nicht retten, aber du darfst anerkennen, dass auch hinter einer starken Fassade oft ein verletztes Herz schlägt.

Jetzt richte deine Aufmerksamkeit auf dich selbst. Spüre deine eigene Kraft und deine Stabilität. Erinnere dich daran, dass du dich schützen darfst. Du bist sicher. Du bist stark.

Wiederhole innerlich:

„Ich sehe die Wahrheit hinter der Maske.
Ich bewahre meine Grenzen und meine innere Ruhe.
Ich bin frei, ich bin stark, ich bin bei mir."

Atme tief ein … und aus. Spüre die Ruhe, die sich in dir ausbreitet. Wenn du bereit bist, öffne langsam deine Augen. Nimm dieses Gefühl der Klarheit und Stärke mit in deinen Tag.

Diese Meditation unterstützt dich darin, Narzissmus besser zu verstehen, ohne dich emotional zu verlieren, und deine eigene Balance zu bewahren.

Nachdem wir die verborgenen Ängste und Schutzmechanismen hinter der narzisstischen Fassade genauer betrachtet haben, wird deutlich, wie komplex und vielschichtig diese Persönlichkeitsstruktur ist. Die scheinbare Stärke ist häufig eine gut geschützte Maske, die tiefsitzende Verletzungen verbirgt. Verletzungen, die Narzissten selbst meist nicht bereit oder fähig sind, anzuschauen oder zu heilen.

Dieses Wissen kann Mitgefühl fördern, birgt jedoch auch eine große Herausforderung. Denn der Wunsch, Narzissten helfen oder gar „heilen" zu wollen, trifft häufig auf Unverständnis und Abwehr und birgt die Gefahr, selbst in alte Dynamiken der Co-Abhängigkeit und Manipulation zurückzufallen. Im nächsten Kapitel widmen wir uns daher einem wichtigen Thema: dem Wunsch, Narzissten zu heilen, und den Risiken, die damit verbunden sind. Du wirst lernen, wie du liebevoll Grenzen setzen kannst und warum die Verantwortung für Heilung immer beim Narzissten selbst liegen muss.

7

Der Wunsch, Narzissten zu heilen und die Gefahr dabei

Es ist eine zutiefst menschliche und verständliche Regung, Menschen, denen wir begegnen, selbst wenn sie narzisstisch geprägt sind, zu helfen, sie zu unterstützen und vielleicht sogar „heilen" zu wollen. Besonders für Partner, Familienangehörige oder enge Bezugspersonen kann dieser Wunsch stark und schier unwiderstehlich sein. Die Hoffnung, dass Veränderung möglich ist, verbindet sich mit dem tiefen Bedürfnis nach Nähe, Liebe und Versöhnung.

Welche Chancen bestehen zur Heilung von Narzissmus und welche Therapieverfahren können angewendet werden?

Kann ein Partner heilen?

Das Thema Heilung bei Narzissmus ist komplex, nicht weil Veränderung unmöglich wäre, sondern weil die innere Bereitschaft zur Veränderung bei Betroffenen meist fehlt. Dennoch, eine Veränderung ist möglich, vor allem bei Menschen mit reflektierten, verletzlichen oder therapeutisch erreichbaren narzisstischen Anteilen. Hier ein differenzierter Überblick über Chancen, Methoden und die Rolle von Partner:innen:

Kann Narzissmus geheilt werden?

Veränderung ist möglich, wenn die Person Leidensdruck empfindet (z. B. durch Beziehungskrisen, Einsamkeit, berufliche Probleme), eine gewisse

A. Lange-Weihs, *Ich sehe dich nicht*, https://doi.org/10.1007/978-3-662-73755-2_7

Selbstreflexion vorhanden ist („Vielleicht liegt es auch an mir …"), die Person bereit ist, sich emotional zu öffnen und keine bösartige, antisoziale oder stark dissoziale Ausprägung vorliegt.

Grenzen der Heilung

- Pathologischer, grandioser Narzissmus mit Machtstreben und Empathielosigkeit ist schwer bis nicht erreichbar
- Häufiger: Verhaltensanpassung, keine tiefgreifende Transformation
- Beziehungsfähigkeit bleibt eingeschränkt, wenn keine tiefenemotionale Veränderung stattfindet

Wirksame Therapieverfahren

1. **Tiefenpsychologisch fundierte/psychoanalytische Psychotherapie**
   - Ziel: Aufarbeitung frühkindlicher Kränkungen, Mangel an Spiegelung und elterlicher Zuwendung
   - Fokus auf: Übertragungsprozesse, Affektdynamik, Aufbau eines stabileren Selbst
   - Besonders geeignet bei verletzlichen (verdeckten) Narzissmustypen
2. **Schematherapie**
   - Klare Struktur, emotionsaktivierend, sehr effektiv bei Persönlichkeitsstörungen
   - Arbeit mit sogenannten „Kind"- und „Eltern"-Modi (z. B. verletztes Kind, kritischer Antreiber)
   - Ziel: gesunde Erwachsenenseite stärken, dysfunktionale Muster auflösen
3. **Mentalisierung und MBT (Mentalisierungsbasierte Therapie)**
   - Förderung von Selbstwahrnehmung und Perspektivwechsel
   - Besonders hilfreich bei Klienten, die zu Schwarz-Weiß-Denken und Spaltung neigen
4. **CBASP (bei komorbider Depression)**
   - Fokus auf die Beziehungsgestaltung und das Erkennen eigener Auswirkungen auf andere

5. **Gestalttherapie, Körperarbeit**
   - Förderung der Selbstwahrnehmung und Kontaktfähigkeit
   - Hilfreich bei Menschen, die aus dem Kopf ins Fühlen kommen sollen

Kann ein Partner heilen?
Klare Antwort: ***Nein.***

Ein Partner kann Anstoßen, dass der Betroffene sich Hilfe sucht. Er kann Spiegeln, was er erlebt und klare Grenzen setzen, um sich selbst zu schützen.

„Wer versucht, einen Narzissten zu heilen, verbrennt sich oft selbst.“

Viele Partner geraten in Co-Abhängigkeiten, Retterrollen oder chronische Erschöpfung. Narzisstische Menschen müssen *aus eigenem Antrieb* Veränderung wollen.

Zitat zum Nachdenken:

„Narzissten brauchen nicht deine Rettung, sondern den Mut zur eigenen Wahrheit.“

Doch genau hier liegt eine große Gefahr. Narzisstische Persönlichkeiten sind durch ihre inneren Schutzmechanismen und Abwehrstrategien oft nicht empfänglich für echte Veränderung, solange sie nicht selbst den Wunsch zur Heilung verspüren und bereit sind, sich auf den oft schmerzhaften Prozess einzulassen. Das Drängen von außen kann schnell in toxische Dynamiken münden, geprägt von Enttäuschung, Co-Abhängigkeit, Manipulation und emotionaler Erschöpfung (Tab. 7.1).

Narzissten heilen wollen kann eine Gefahr darstellen, du musst dich nicht selbst zerstören!
Der Wunsch, Narzissten zu helfen und zu verändern, ist verständlich. Doch Narzissmus ist tief verwurzelt und nicht leicht zu heilen. Dieses Kapitel zeigt dir, warum Heilungsversuche oft an Grenzen stoßen und wie du dich schützen kannst.

Heilung ist schwierig, denn Narzissten sehen selten die Notwendigkeit zur Veränderung. Kritik oder Reflexion wird oft als Angriff erlebt. Therapiebereitschaft ist oft gering oder nur oberflächlich. Die Persönlichkeit ist tief strukturiert und resistent gegen Veränderung.

Tab. 7.1 Therapiemöglichkeit

Heilung möglich?	Ja, aber selten vollständig, oft Teilaspekte
Voraussetzung	Einsicht, Motivation, stabile therapeutische Beziehung
Therapieverfahren	Schematherapie, Tiefenpsychologie, Mentalisierung, Gestalt
Rolle des Partners	Unterstützen, nicht therapieren. Selbstschutz geht vor

Für Helfende besteht die Gefahr emotionaler Erschöpfung und des Burnouts. Außerdem kann es zum Verlust der eigenen Identität und Selbstachtung, zu Co-Abhängigkeit und Verstrickung in toxische Muster, Frustration und Hoffnungslosigkeit kommen.

Was du stattdessen tun kannst: Akzeptiere die Grenzen deiner Einflussmöglichkeiten. Richte den Fokus auf deine eigene Heilung und Entwicklung. Ziehe klare Grenzen und sorge für dich selbst. Suche Unterstützung bei professionellen Helfern.

Heilung kann möglich sein, aber nur unter bestimmten Bedingungen:

- Eigenmotivation und Einsicht des Narzissten
- Langfristige und intensive therapeutische Begleitung
- Begleitung durch ein unterstützendes Umfeld

Deine wichtigste Aufgabe ist es, dich selbst zu schützen und deinen eigenen Wert zu bewahren. Dieses Kapitel beleuchtet, warum der Wunsch zu helfen oder zu retten so stark ist, welche Risiken darin liegen und wie du deine eigenen Grenzen schützen kannst, ohne die Beziehung aus falscher Hoffnung heraus zu zerstören.

Gleichzeitig zeigt es Wege auf, wie du deine eigene Heilung und Stärke fördern kannst, unabhängig davon, ob der Narzisst sich verändert oder nicht. Indem du diese Balance findest, stärkst du deine Resilienz und kannst gesunde Entscheidungen treffen, die dir langfristig Frieden und Klarheit bringen.

1. **Versuche, den Narzissten zu verändern oder zu „heilen“**

Viele Menschen, besonders empathische, hoffen, dass der Narzisst „es einsieht“, „endlich versteht“ oder sich irgendwann „verändert“.

Doch narzisstische Menschen haben kaum Einsicht in ihre eigenen Muster. Sie sehen den Fehler meist im Außen, also bei dir. Dein Mitgefühl wird oft instrumentalisiert. Sie nutzten es, um dich zu binden oder Schuldgefühle zu erzeugen.

Arbeite an deiner eigenen Klarheit. Nicht an seiner.

2. **Dich auf Rechtfertigungen oder lange Diskussionen einlassen**

Narzisstische Menschen verdrehen Gespräche oft subtil:

- Sie weichen aus
- Sie verdrehen Fakten (Gaslighting)

- Sie greifen dich persönlich an
- Oder sie entwerten deine Gefühle

Du kannst nicht gewinnen, denn es geht nicht um Verständnis, sondern um Macht.

Kommuniziere kurz, klar, ruhig. „Das sehe ich anders." „Ich mache das nicht mit." „Das ist meine Entscheidung." Biete keine Erklärung an, keine Diskussion. Du kannst nur dabei verlieren.

3. **Dich auf ihre Lob-Kritik-Falle einlassen**

Narzisstische Personen nutzen oft ein Wechselspiel aus Idealisierung und Abwertung:

Heute bist du „die Beste" und morgen „völlig überempfindlich" oder „zu schwierig". Das hält dich emotional abhängig und verwirrt dein Selbstbild.

Erkenne dieses Spiel. Und glaube weder dem einen noch dem anderen.

Dein Selbstwert sollte nicht von seiner Meinung abhängen. Wenn Du unsicher bist, rede mit Freunden, Bekannten oder hole dir Sicherheit von Experten.

4. **Deine Grenzen vernachlässigen um des Friedens willen**

Viele Menschen schlucken Dinge, „um keinen Streit zu provozieren". Doch Narzissten interpretieren das nicht als Friedensliebe, sondern als Schwäche. Je mehr du dich verbiegst, desto mehr wird gefordert.

Setze Grenzen, sachlich und ruhig, aber konsequent. Halte und erhalte sie. Grenzen sind kein Angriff, sondern ein Selbstschutz.

5. **Auf Mitleid oder Reue hoffen**

Manchmal zeigen Narzissten plötzlich „Gefühle", Tränen, Zusammenbrüche, Reue. Doch oft geschieht das nur dann, wenn sie dich zu verlieren drohen. Diese Emotionen sind meist taktisch, nicht echt. Spätestens nach der nächsten Phase beginnt das Spiel von vorn. Es wird sich in einer Art „Dauerschleife" halten, bis er oder sie dich da hat, wo er/sie es für sich benötigt.

Achte nicht auf Worte, sondern auf wiederholtes Verhalten.

6. **Dich selbst in Frage stellen**

Narzisstische Personen bringen dich oft dazu, an deiner Wahrnehmung zu zweifeln:

„Das habe ich nie gesagt."

„Du übertreibst immer."

„Du bist viel zu sensibel."

Dieses Gaslighting kann dein Selbstbild nachhaltig beschädigen.

Führe ein Tagebuch und vertraue auf dein Gefühl. Rede mit Menschen, die dich kennen.

7. **Den Kontakt um jeden Preis aufrechterhalten**

Besonders in Familie oder Partnerschaft fällt es schwer, loszulassen. Aber: Du musst niemandem treu bleiben, der dich wiederholt verletzt. Loyalität ist wertvoll, aber nicht, wenn sie dich krank macht.

Erlaube dir Distanz, emotional oder auch räumlich. Du darfst dich immer schützen.

Im Umgang mit einem Narzissten geht es nicht um Harmonie, sondern um Selbstschutz und Klarheit. Je ruhiger, distanzierter und selbstzentrierter du bist, desto weniger Macht hat der andere über dich.

Du darfst für dich einstehen. Du darfst aufhören, dich zu verbiegen und du darfst gehen, auch ohne Rechtfertigung.

Material zu Kap. 7

Übungen: Bleib bei dir. Grenzen setzen und innere Stabilität stärken

1. Bodyscan zur Erdung

Setze dich bequem hin, schließe die Augen und atme tief durch die Nase ein und durch den Mund aus.

Führe deine Aufmerksamkeit langsam durch deinen Körper, von den Füßen bis zum Kopf.

Spüre, wo du dich sicher und geerdet fühlst.

Wenn Gedanken an den Narzissten oder das Helfen kommen, bringe deine Aufmerksamkeit sanft zurück in deinen Körper.

Erinnere dich: Du bist hier und jetzt. Du bist sicher.

2. Die innere Grenze visualisieren

Stelle dir eine leuchtende, kraftvolle Linie oder Mauer vor, die dich umgibt.

Diese Grenze schützt deine Gefühle, deine Zeit und deine Energie.

Du entscheidest, wer eintreten darf und wer draußen bleibt.

Übe diesen Schutz immer wieder in Gedanken, besonders wenn du spürst, dass du dich verlieren könntest.

3. Das „Nein"-Mantra

Wiederhole innerlich oder laut den Satz:

„Ich bin verantwortlich für mich. Ich achte meine Grenzen."

„Nein" ist ein vollständiger Satz.

Wenn du in der Situation bist, etwas abzulehnen oder Abstand zu halten, nutze diese Sätze, um dich zu stärken.

4. Tagebuch: Gefühle erkennen und zuordnen

Schreibe täglich oder so oft es geht deine Gedanken und Gefühle auf, die durch den Kontakt mit dem Narzissten entstehen.

Welche Emotionen fühlst du wirklich?

Wie reagiert dein Körper?

Indem du dich selbst beobachtest, stärkst du deine Selbstwahrnehmung und erkennst frühzeitig, wenn du Gefahr läufst, dich zu verlieren.

5. Selbstfürsorge planen

Erstelle eine Liste mit kleinen und großen Dingen, die dir Kraft geben, wie Spaziergänge, Gespräche mit Freunden, Yoga, Meditation, Hobbys.

Plane regelmäßig bewusst Zeit für dich ein und halte dich daran, auch wenn die Versuchung groß ist, dich auf den Narzissten zu konzentrieren.

Diese Übungen fördern deine innere Stabilität und helfen dir, emotional präsent und bei dir zu bleiben – die beste Voraussetzung, um gesunde Grenzen zu setzen und dich selbst zu schützen.

Das bewusste Setzen von Grenzen und das Verweilen in der eigenen Kraft sind essenzielle Schritte, um sich vor den emotionalen Fallstricken im Umgang mit Narzissten zu schützen.

Der Wunsch, jemanden zu verändern oder zu heilen, ist oft tief in unserem Bedürfnis nach Verbindung und Verständnis verankert. Doch dieser Wunsch darf nicht zur Selbstaufgabe führen. Indem wir uns selbst achten und unsere eigene Heilung in den Mittelpunkt stellen, bewahren wir unsere innere Freiheit und Klarheit.

Welche Übungen helfen zum Grenzen setzen, obwohl der Klient lieber heilen will?

Das Bedürfnis, andere zu *heilen,* gerade in Beziehungen zu narzisstischen Personen, kann Ausdruck tiefer Muster sein: Helfer-Syndrom, Co-Abhängigkeit, frühe Rollenumkehr in der Kindheit („Ich muss mich kümmern, um geliebt zu werden"). Solche Klient:innen tun sich oft schwer, gesunde Grenzen zu setzen, weil sie unbewusst glauben: *„Wenn ich nur genug gebe, wird der andere sich verändern."*

Hier sind fundierte Übungen, die helfen, vom Heilen zum Grenzen setzen zu gelangen, mit einem Fokus auf Selbstklärung, Embodiment und Stärkung des Selbstwerts.

Übung 1: „Retter oder Selbstretter?" (Reflexionsübung)
Ziel: Bewusstsein für unbewusste Motivationen beim Helfen
Anleitung:
Nimm dir Zeit und beantworte folgende Fragen schriftlich:

1. Was genau will ich im anderen heilen?
2. Was verspreche ich mir davon ganz tief in mir?
3. Was befürchte ich, wenn ich es *nicht* versuche?
4. Wie fühle ich mich, wenn meine Hilfe abgelehnt oder abgewertet wird?
5. Wie wäre mein Leben, wenn ich niemanden mehr retten müsste?

Die Antworten zeigen oft deutlich, wie stark das *Helfen an Bedingungen geknüpft* ist und wie es zu einem Verlust des eigenen Selbst führen kann.

Übung 2: „Der innere STOPP"
Ziel: Sofortige Selbstabgrenzung bei emotionalem Sog
Anleitung:

1. Stelle dir eine rote Stopp-Hand innerlich vor.
2. Wenn du den Impuls verspürst, dich über die Maßen für jemanden aufzuopfern, sage innerlich laut:
   - „STOPP. Das ist nicht meine Aufgabe."
   - „Ich kann Mitgefühl zeigen, ohne mich zu verlieren."

3. Lege eine Hand auf dein Herz, atme tief ein und aus. Spüre: „Ich bin nicht verantwortlich für die Heilung anderer."

Diese Übung ist besonders wirksam bei alten Beziehungsmustern oder narzisstischen Triggerpersonen.

Übung 3: „Meine Grenze und mein Satz"
Ziel: Einen konkreten Satz entwickeln, der klar und freundlich die Grenze benennt

Beispielsätze:

- „Ich sehe, dass du leidest. Aber ich bin nicht in der Position, dich zu heilen."
- „Ich bin für dich da, aber nicht auf Kosten meiner selbst."
- „Ich brauche jetzt Raum für mich. Ich kann dich nicht tragen."

Schreibe deinen persönlichen Satz auf eine Karte und trage sie bei dir.

Übung 4: Der Perspektivwechsel: „Was, wenn es dein Kind wäre?"
Ziel: Selbstempathie durch Fürsorge-Transfer

Anleitung: Stell dir vor, dein inneres Kind oder dein tatsächliches Kind sei in deiner Lage:

- Würdest du ihm erlauben, sich selbst aufzugeben?
- Würdest du wollen, dass es sich „heiltauglich" macht für jemanden?
- Würdest du es drängen, jemandem hinterherzulaufen, der ihm nicht gut tut?

Diese Übung aktiviert Selbstschutzinstinkte, oft klarer als rationale Argumente.

Ergänzende Affirmationen:

- „Ich bin nicht die Lösung für andere, aber ich darf meine eigene sein."
- „Ich darf Mitgefühl haben, ohne mich zu verlieren."
- „Grenzen sind keine Ablehnung, sie sind Selbstachtung."

Mit diesem Fundament aus Selbstschutz und Selbstfürsorge sind wir bereit, ein weiteres, sensibles Thema zu betrachten: die Verstrickungen von Narzissmus und Sexualität. Macht, Kontrolle und Verweigerung können hier eine zentrale Rolle spielen und die Dynamiken innerhalb von Beziehungen auf eine besondere Weise prägen. Denn Narzissten nutzen Sexualität häufig nicht als Ausdruck echter Verbundenheit, sondern als ein Mittel zur Selbstbestätigung und Machtausübung. Die sexuelle Beziehung wird zum Spielfeld ihrer narzisstischen Bedürfnisse: zur Inszenierung, zur Kontrolle des Partners oder auch als Waffe, um Nähe zu gewähren oder zu verweigern, ganz nach ihrem momentanen Willen und Nutzen.

8

Narzissmus und Sexualität: Macht, Kontrolle, Verweigerung

Sexualität ist ein zutiefst persönlicher und intimer Bereich unseres Lebens, ein Raum, in dem Nähe, Vertrauen und gegenseitige Wertschätzung eigentlich die Basis bilden sollten. Doch wenn Narzissmus in diesem Kontext eine Rolle spielt, können die Dynamiken ganz andere Gesichter annehmen. Macht, Kontrolle und Verweigerung werden zu zentralen Themen, die oft im Verborgenen wirken und große emotionale Verwirrung und Leid erzeugen.

Narzissten nutzen Sexualität häufig nicht als Ausdruck echter Verbundenheit, sondern als ein Mittel zur Selbstbestätigung und Machtausübung. Die sexuelle Beziehung wird zum Spielfeld ihrer narzisstischen Bedürfnisse: Zur Inszenierung, zur Kontrolle des Partners oder auch als Waffe, um Nähe zu gewähren oder zu verweigern, ganz nach ihrem momentanen Willen und Nutzen.

Für Partnerinnen und Partner bedeutet das häufig eine Achterbahnfahrt zwischen intensiver Anziehung und emotionaler Distanz, zwischen Hoffnung auf Nähe und Angst vor Zurückweisung. Die unberechenbaren Muster können zu Verunsicherung, Selbstzweifeln und tiefer Verletzung führen, denn die Grenzen von Liebe, Sexualität und Kontrolle verschwimmen.

Narzissten und Sexualität: Macht, Kontrolle und Intimität

Sexualität bei Narzissten ist häufig weniger von echter Intimität geprägt als von Machtspielen und Kontrolle. Dieses Kapitel beleuchtet typische Verhaltensmuster und zeigt, wie sich Betroffene schützen können.

A. Lange-Weihs, *Ich sehe dich nicht*, https://doi.org/10.1007/978-3-662-73755-2_8

Ein charakteristische Merkmal von Narzissten ist, dass sie Sexualität oft zur Machtausübung und Bestätigung des eigenen Selbstwerts nutzen. Narzissten inszenieren sich sexuell als besonders begehrenswert und überlegen. Emotionale Nähe wird häufig vermieden oder nur oberflächlich zugelassen. Sex kann als Waffe genutzt werden, z. B. durch Entzug oder Druck. Manipulation und Kontrolle zeigen sich im sexuellen Bereich auch oft im Bereich des Fetisch durch Paraphilien oder paraphile Störungen.

Quelle: https://www.msdmanuals.com/de/heim/psychische-gesundheitsst%C3%B6rungen/paraphilien-und-paraphile-st%C3%B6rungen/%C3%BCberblick-%C3%BCber-paraphilien-und-paraphile-st%C3%B6rungen

Auswirkungen auf Partner:innen sind oft verheerend und quälend. Es können Verunsicherung und Selbstzweifel entstehen. Auch Gefühle von Ablehnung oder Objektifizierung sind häufig. Grenzen werden oft überschritten oder nicht respektiert, auch im sexuellen Bereich. Es entsteht oft eine Abhängigkeit von der Bestätigung durch den Narzissten.

Ein guter Umgang und Selbstschutz können darin bestehen, dass du klare persönliche Grenzen setzt und sie deutlich kommunizierst. Achte auf dein Bauchgefühl und deine Bedürfnisse: Wie geht er mit dir um? Suche Unterstützung bei Vertrauenspersonen oder Therapeut:innen. Erkenne toxische Muster und suche Wege zur Heilung und Selbststärkung.

Dieses Kapitel lädt dazu ein, diese komplexen Verstrickungen zu erkennen und zu verstehen. Es zeigt auf, wie Narzissmus die sexuelle Ebene prägt, welche Strategien Narzissten oft anwenden und wie Betroffene ihre eigenen Bedürfnisse schützen und wiederfinden können. Dabei steht die Frage im Mittelpunkt, wie gesunde Sexualität trotz oder gerade wegen dieser Herausforderungen möglich wird: Eine Sexualität, die auf Respekt, Freiheit und echter Verbundenheit beruht.

Wie nutzen Narzissten Sexualität?

Für Narzissten ist Sexualität häufig weniger ein Ausdruck von Nähe, Intimität oder emotionaler Verbundenheit, sondern vielmehr ein Mittel, um Macht, Kontrolle und Bestätigung zu erlangen. Was für dich am Anfang faszinierend und sexuell erregend begann, kann nun erheblich schmerzhaft werden.

Sexualität wird als Instrument der Manipulation genutzt. Narzissten verwenden Sex oft, um den Partner zu binden oder zu kontrollieren. Sex kann als Belohnung oder Bestrafung eingesetzt werden, um den Willen des Partners zu beeinflussen. Durch sexuelle Verführung stärken sie ihr Gefühl der eigenen Überlegenheit und Attraktivität. Für Narzissten ist Sexualität häufig kein Ausdruck von Liebe oder Verbundenheit, sondern ein Mittel, Macht auszuüben und Kontrolle über den Partner zu gewinnen. Sie nutzen sexuelle Nähe, um zu dominieren, zu manipulieren oder Unsicherheit zu erzeugen.

Narzissten erleben die Bestätigung ihres Selbstwertes. Sexualität dient dazu, die eigene Grandiosität zu bestätigen. Narzissten suchen durch sexuelle Aufmerksamkeit und Bestätigung eine Stärkung ihres oft fragilen Selbstwertgefühls. Sexualität dient oft der Selbstbestätigung und dem Bedürfnis, bewundert zu werden. Narzissten inszenieren sich gerne als begehrenswert, um ihr Selbstwertgefühl zu steigern. Sie erwarten Bewunderung und Bestätigung durch sexuelle Attraktivität und Leistung.

Sie halten gern eine emotionale Distanz trotz körperlicher Nähe. Obwohl körperliche Nähe besteht, fehlt es häufig an echter emotionaler Intimität. Sex wird oft oberflächlich oder funktional erlebt, ohne echtes Einfühlen in den Partner. Echte Intimität und emotionale Verbundenheit sind für viele Narzissten schwer zugänglich. Die sexuelle Begegnung bleibt oft oberflächlich, denn das „Selbst" und die Bedürfnisse des Partners stehen nicht im Fokus.

Narzissten können Sex nutzen, um Macht auszuüben oder Grenzen des Partners zu überschreiten. Dabei ignorieren sie häufig die Bedürfnisse und Gefühle des Gegenübers.

Sexualität bei Narzissten ist oft ein Werkzeug zur Selbstbestätigung, Manipulation und Machtausübung und nicht primär ein Ausdruck von Liebe oder Nähe. Für Partner ist es wichtig, diese Dynamiken zu erkennen und gesunde Grenzen zu setzen. Sexualität kann auch als Waffe genutzt werden wie etwa durch Verweigerung von Nähe als Bestrafung oder als Mittel zur Manipulation. So entstehen Spannungen, Unsicherheit und Abhängigkeiten beim Partner.

Tipps, wie man in einer Beziehung mit solchen Mustern umgehen kann

Zuerst solltest du eigene Grenzen klar definieren und kommunizieren.
Sei dir bewusst, was du willst und was nicht. Sage deutlich „Nein", wenn du dich unwohl fühlst oder manipuliert wirst. Respektiere deine eigenen Bedürfnisse und Erwartungen an Nähe und Intimität.

Wenn du Manipulation spürst, erkenne sie und benenne es.
Beobachte, ob Sex als Belohnung, Bestrafung oder Machtinstrument genutzt wird. Sprich solche Muster in ruhigen Momenten an, ohne dich provozieren zu lassen.

Erlebe keine Scham oder Schuldgefühle, diese musst du nicht zulassen.
Du bist nicht verantwortlich für das Verhalten des Narzissten. Manipulative Strategien dienen dessen Selbstschutz, nicht deinem Wohlergehen.

Versuche, emotionalen Abstand zu wahren, um dich nicht verletzen zu lassen.
Versuche, dich emotional nicht vollständig auf das narzisstische Spiel einzulassen. Schütze dich vor emotionaler Erpressung durch bewusstes Distanzieren.

Erkenne deine eigenen Bedürfnisse und priorisiere sie.
Sorge für dein Wohlbefinden, auch außerhalb der Beziehung (Freunde, Hobbys). Achte darauf, dass deine Bedürfnisse nach echter Nähe und Respekt erfüllt werden.

Vielleicht hilft dir auch professionelle Unterstützung.
Bei belastenden Situationen kann Therapie oder Beratung helfen, Klarheit zu gewinnen und Handlungsstrategien zu entwickeln. Paartherapie ist oft schwierig, da Narzissten sich selten reflektieren; Einzeltherapie kann wirksamer sein.

Du solltest klare und realistische Erwartungen haben.
Erwarte keine plötzliche emotionale Wandlung beim Narzissten. Konzentriere dich auf deinen eigenen Heilungs- und Wachstumsprozess.

Der Umgang mit narzisstischer Sexualität erfordert Selbstschutz, klare Grenzen und das Bewusstsein für manipulative Muster. Nur so kannst du deine emotionale Integrität bewahren und gesunde Beziehungen fördern.

Welche Art von Sexualität leben Narzissten?

Narzissten leben oft eine Sexualität, die stark von ihren inneren Bedürfnissen und ihrer Persönlichkeitsstruktur geprägt ist. Das Sexualverhalten narzisstischer Personen ist oft ebenso ambivalent wie ihre Persönlichkeitsstruktur. Es schwankt zwischen Leistungsorientierung, Machtausübung, Verweigerung, Inszenierung und emotionaler Distanz, mit dem Ziel, das eigene Selbstbild zu stabilisieren und Kontrolle über den Partner zu behalten.

Hier sind einige weitere typische Merkmale, wie Narzissten Sexualität erleben und gestalten können:

Impulsivität und exzessives Verhalten

Manche Narzissten zeigen eine impulsive oder exzessive Sexualität, die von Kurzlebigkeit geprägt ist. Oft suchen sie schnelle Bestätigung durch wechselnde Partner oder riskantes Verhalten, ohne Rücksicht auf emotionale Folgen.

Promiskuität und Doppelleben
Besonders bei grandiosen Narzissten: häufige Affären, wechselnde Sexualpartner, parallele Beziehungen. Das Bedürfnis nach Bewunderung wird auch sexuell ausgelebt. Gleichzeitig kann nach außen ein bürgerliches, „treues" Bild gepflegt werden – Fassade vs. Realität.

Sexuelle Grenzüberschreitungen oder Missbrauch
In extremen Fällen kann narzisstisches Sexualverhalten in übergriffiges oder manipulatives Verhalten übergehen: Schuldumkehr („Du wolltest das doch auch"), Gaslighting im sexuellen Kontext, gezielte Entwertung nach dem Akt.

Zusammenhänge zwischen narzisstischer PS und auffälligen Sexualpraktiken
Es gibt belegte und vermutete Zusammenhänge zwischen narzisstischer Persönlichkeitsstörung (NPS) und bestimmten auffälligen oder grenzüberschreitenden Sexualpraktiken. Wichtig ist: Nicht jede ungewöhnliche Sexualpraxis ist automatisch pathologisch oder narzisstisch motiviert. Entscheidend ist das dahinterliegende Motiv, insbesondere im Kontext von

- Machtkontrolle,
- Selbstinszenierung,
- Grenzverletzung
- oder emotionaler Distanz.

Typische Zusammenhänge zwischen NPS und Sexualverhalten:

Fetischismus und Inszenierung
Narzisstische Personen neigen mitunter zu selbstinszenierenden Sexualpraktiken, bei denen ihr Aussehen, ihre Technik oder ihre Performance im Mittelpunkt steht. Beispiel: Die Sexualität wird „inszeniert" wie eine Bühne, mit Rollen, Kleidung, Kameras (z. B. in Form von heimlichem oder offenem Voyeurismus). Deren Ziel ist, Bewunderung, Macht und Spezialstatus zu erlangen oder zu erleben.

Dominanz und BDSM mit manipulativen Elementen
Nicht das Praktizieren von BDSM an sich ist auffällig, wohl aber, wenn die Macht nicht konsensuell, sondern manipulativ oder herabwürdigend eingesetzt wird. Wenn Narzissten in dominanter Rolle auftreten, nutzen sie Praktiken zur Demütigung und nicht zur Luststeigerung. Dabei missachten sie mitunter sichere Grenzen, z. B. Safe-Words. Sie präsentieren sich als überlegen, wissend und unfehlbar.

Entwertung und Verweigerung
Sexuelle Abstinenz wird als Kontrollinstrument („Du hast es nicht verdient") für sein Gegenüber genutzt, wobei er selbst aber seine Lust befriedigen darf. Gleichzeitige Außenaffären oder Pornokonsum wird ebenfalls als verdeckte Machtdemonstration gern genutzt. Es findet häufig eine Aufwertung anderer statt, um den Partner zu entwerten („Andere können das besser").

Risiko-Sexualität
Grandioser Narzissmus kann mit riskantem oder exhibitionistischem Verhalten einhergehen: z. B. Sex in der Öffentlichkeit erleben, multiple, parallele Kontakte, Missachtung von Gesundheitsrisiken. Deren Hintergrund ist ein Gefühl von Unverwundbarkeit, Thrill (Nervenkitzel) und Bestätigung.

Pornografiesucht oder exzessiver Konsum
Besonders bei verletzlichen Narzissten ist deren Flucht in Fantasie zu beobachten, weil reale Nähe zu bedrohlich ist. Bei grandiosen Narzissten zeigt sich die Reizüberflutung als narzisstische Zufuhr („Ich konsumiere, wann und wie ich will").

Schnelle sexuelle Verfügbarkeit
Sex dient als Mittel, um sich zu binden oder Bindung zu verhindern. Manchmal konträr in der Vortäuschung von Nähe zur Kontrolle oder auch „Love Bombing" mit intensiver Sexualität, die später abrupt entzogen wird.

Im klinischen Kontext können folgende Störungen oder Tendenzen komorbid oder überlappend auftreten (Tab. 8.1):

Tab. 8.1 Narzisstische PS und auffällige Sexualpraktiken

Störung/Verhalten	Möglicher narzisstischer Bezug
Paraphile Störungen	Als Ausdruck narzisstischer Abweichung von „Normalität" (Gefühl: besonders sein)
Sexsucht/ Hypersexualität	Zur Kompensation von innerer Leere oder zur Sicherung narzisstischer Zufuhr
Voyeurismus/ Exhibitionismus	Zur Selbstbestätigung, Macht oder Entwertung anderer
Dissoziative Sexualität	Besonders bei verdecktem Narzissmus, Lust ohne Bindung oder emotionaler Abspaltung

Grenzen und ethische Klarstellung

Nicht jede ungewöhnliche oder intensive Sexualpraxis ist narzisstisch motiviert!

Entscheidend ist:

Wie sehr wird die Sexualität zur Kontrolle oder Entwertung genutzt?
Gibt es Empathie, Konsens, Reue?
Dient das Verhalten zur eigenen Ego-Stabilisierung auf Kosten anderer?

Therapeutische Hinweise – sexuelle Manipulation

Frühzeitige Thematisierung von sexualisiertem Machtverhalten im therapeutischen Raum. Achtsamkeit auf Grenzüberschreitungen, auch nonverbal. Arbeit mit dem inneren Anteil, der Sexualität mit Kontrolle oder Selbstwertregulation koppelt. Psychoedukation für Partner:innen, z. B. bei sexueller Manipulation.

Weiterführende Literatur

- Kernberg, O. (2014): *Liebe und Aggression.*
- Ronningstam, E. (2022): *Narcissistic Personality Disorder and Pathology.*
- McWilliams, N. (2011): *Psychoanalytic Diagnosis.*
- Drexler, P. (2015): *The Narcissist You Know.*

Die Sexualität von Narzissten ist oft geprägt von einem Bedürfnis nach Kontrolle, Bewunderung und der Vermeidung echter emotionaler Nähe. Für Partner kann das zu herausfordernden, schmerzlichen Erfahrungen führen. Das Verstehen dieser Dynamik ist ein wichtiger Schritt, um sich selbst zu schützen und gesunde Grenzen zu wahren.

Was können Hinweise für narzisstisch geprägte Sexualität sein? Wie können wir das feststellen? Welche Fragen solltest du dir stellen können?

Zuerst solltest du dir bewusst werden und eine andere Betrachtungsweise bekommen.
Hilfreich ist es, gemeinsam mit dem Therapeuten und der betroffenen Person die Dynamiken narzisstischer Sexualität klar zu benennen. Ist Sexualität ein Mittel zur Kontrolle und Manipulation? Gibt es fehlende oder keine echte Intimität trotz körperlicher Nähe? Welche Rolle spielen Verweigerung und Bestrafung? Allein diese Erkenntnis reduziert Verwirrung und Selbstzweifel.

Du solltest Grenzen stärken und kommunizieren
Betroffene sollten ermutigt werden, ihre eigenen Grenzen klar zu erkennen und zu kommunizieren. Was ist für mich akzeptabel? Wo endet meine Bereitschaft? Wie kann ich Nein sagen, ohne mich schuldig zu fühlen?

Therapeutisch unterstützt man beim Aufbau von Selbstschutz und Selbstwert.

Emotionale Selbstfürsorge fördern
Die emotionale Erschöpfung durch narzisstische Sexualdynamiken ist häufig groß. Selbstfürsorge-Techniken stärken das eigene Wohlbefinden. Lerne Achtsamkeit und Ressourcenarbeit – sie können helfen, emotional stabil zu bleiben. Überlege, welchen persönlichen Rückzugsraum du nutzen kannst, um dich zu erholen.

Traumata und Verletzungen bearbeiten
Oft liegen emotionale Verletzungen aus der Beziehung mit einem Narzissten vor. Hier solltest du dir auf jeden Fall therapeutische Unterstützung suchen. Die Arbeit kann helfen, diese Wunden zu heilen. Körpertherapie oder somatische Ansätze unterstützen, da Sexualität auch körperlich erlebt wird.

Realistische Erwartungen entwickeln
Es ist wichtig, die Narzisstin oder den Narzissten in ihrer/seiner Persönlichkeitsstruktur zu sehen und keine Heilung von ihnen zu erwarten. Die Hoffnung auf Veränderung sollte realistisch reflektiert werden. Der Fokus liegt auf dem Schutz und der Heilung des eigenen Selbst.

Förderung von Selbstreflexion
Betroffene lernen, ihre eigenen Bedürfnisse und Wünsche wahrzunehmen und zu artikulieren: Reflexion über die eigenen sexuellen Grenzen und das eigene Erleben; Unterstützung beim Wiederfinden von Vertrauen in die eigene Intuition.

Aufbau gesunder Beziehungsmuster
Langfristig wird die Entwicklung von Beziehungen auf Basis von Gleichwertigkeit, Respekt und echter Nähe angestrebt. Therapeutische Begleitung findet beim Erkennen und Loslassen narzisstischer Beziehungsmuster statt. Ziel ist die Stärkung des Selbstwerts als Fundament für gesunde Partnerschaften.

Diese Hinweise bieten eine Orientierung für therapeutische Prozesse, um Betroffene zu stärken, zu schützen und zu begleiten, bis hin zu einem gesunden, selbstbestimmten Umgang mit Sexualität trotz belastender Erfahrungen mit Narzissmus.

Die komplexen und oft schmerzhaften Verstrickungen von Narzissmus und Sexualität zeigen uns eindrücklich, wie eng Macht, Kontrolle und emotionale Verletzungen miteinander verbunden sein können. Sexualität wird für Narzissten häufig zum Spielfeld ihrer inneren Bedürfnisse und Unsicherheiten, zum Mittel, um zu manipulieren, zu strafen oder sich selbst zu bestätigen. Für Betroffene bedeutet dies, klare Grenzen zu ziehen und die eigene Selbstachtung zu bewahren, um nicht in destruktive Muster verstrickt zu werden.

Mit diesem Bewusstsein sind wir nun bereit, einen weiteren wichtigen Bereich zu betrachten: toxische Beziehungen als Ganzes. Denn die Muster, die wir im Umgang mit narzisstischer Sexualität erkennen, finden sich oft auch in anderen Beziehungsformen wieder. Die vielschichtigen Dynamiken von Narzissmus in der Sexualität offenbaren die tief verwurzelten Muster von Macht, Kontrolle und emotionaler Distanz, die diese Persönlichkeitsstruktur prägen. Das Verständnis dieser Zusammenhänge ermöglicht es Betroffenen, sich besser zu schützen und sich von manipulativen Beziehungsmustern zu lösen.

Nachdem wir uns nun intensiv mit einem zentralen, sehr persönlichen Lebensbereich auseinandergesetzt haben, richten wir unseren Blick im nächsten Kapitel auf ein weiteres wichtiges Erleben. Narzissten sind häufig Menschen, die in ihrer Kindheit schwere emotionale Verletzungen erlitten haben. Diese Traumata prägen ihr Verhalten und ihre Beziehungsmuster. Das nachfolgende Kapitel beleuchtet den Zusammenhang und zeigt Wege zur Heilung.

9

Trauma und Narzissmus: Die unsichtbaren Wunden beider Seiten

Trauma und Narzissmus sind eng miteinander verflochtene Phänomene, die oft im Verborgenen wirken und dennoch tiefgreifende Auswirkungen auf das Leben Betroffener haben. Narzisstische Persönlichkeitsstrukturen entstehen häufig als Schutzmechanismus gegenüber frühen Verletzungen und seelischen Wunden. Gleichzeitig führen narzisstische Verhaltensweisen bei anderen Menschen zu emotionalen Traumatisierungen, die häufig unerkannt und unverarbeitet bleiben.

Trauma und Narzissmus sind Verletzungen hinter der Fassade

Narzissten sind häufig Menschen, die in ihrer Kindheit schwere emotionale Verletzungen erlitten haben. Diese Traumata prägen ihr Verhalten und ihre Beziehungsmuster. Dieses Kapitel beleuchtet den Zusammenhang und zeigt Wege zur Heilung.

Wie konnten Traumata Narzissmus fördern?

Eine Vernachlässigung, Missbrauch oder emotionale Kälte in der Kindheit können Auslöser sein. Es fehlen sichere Bindungen und Geborgenheit sowie körperliche und seelische Zuwendung, Liebe und Zuneigung. Das Kind erlebt die Überkompensation des narzisstisch geprägten Elternteils durch dessen Überlegenheitsgefühle und Kontrollverhalten. Kinder suchen Schutzmechanismen gegen schlechte Gefühle von Wertlosigkeit und Angst.

A. Lange-Weihs, *Ich sehe dich nicht*, https://doi.org/10.1007/978-3-662-73755-2_9

Narzisstisches Verhalten dient als Schutzschild

Große Selbstinszenierung dient dazu, Anerkennung zu erzwingen. Dabei entsteht oft eine Abwertung anderer, um sich selbst zu erhöhen. Narzissten haben Schwierigkeiten mit Nähe und Vertrauen und vermeiden um jeden Preis Verletzlichkeit durch Kontrolle und Dominanz.

Welche Auswirkungen hat das auf Betroffene?

Oft besteht eine Co-Abhängigkeit und Verstrickung in das Muster. Auszubrechen wird schwierig und so wird weiter traumatisiert. Eigene Verletzungen werden übersehen oder verdrängt, aber auch heruntergespielt („Es war nicht so schlimm"). Je öfter traumatisiert wird, desto mehr erlebt man den „Gewöhnungseffekt".

Heilung erfordert die Bearbeitung beider Seiten von Täter- und Opferrollen

Es gibt Wege zur Heilung, indem der Patient seine Anerkennung und Verarbeitung des eigenen Traumas vollzieht und therapeutische Begleitung mit Fokus auf Bindung und Selbstwert in Anspruch nimmt. Er lernt einen Aufbau sicherer Beziehungen und gesunder Grenzen. Er lernt, die Entwicklung von Mitgefühl einmal für sich selbst und andere zu erleben.

In diesem Kapitel gehen wir der Frage nach, wie Trauma und Narzissmus sich gegenseitig bedingen und verstärken können, sowohl aus der Perspektive des Narzissten als auch der Menschen in seinem Umfeld. Wir betrachten die unsichtbaren Wunden, die beide Seiten tragen, und zeigen Wege auf, wie Heilung und Verständnis möglich werden. Dieses Kapitel lädt dich ein, mitfühlend zu reflektieren, alte Verletzungen zu erkennen und den Grundstein für echte Veränderung und inneren Frieden zu legen. Denn nur wer die tiefen Ursachen versteht, kann die destruktiven Muster durchbrechen und einen heilsamen Weg einschlagen.

Wie narzisstische Menschen andere seelisch verletzen

Kann ein Mensch traumatisiert werden, ohne dass er körperlich geschlagen wurde?

Die Antwort lautet: Ja, durch emotionale und psychische Gewalt. Und eine der häufigsten Formen dieser Gewalt ist der Umgang mit einem narzisstisch geprägten Menschen.

Was ist ein Trauma?

Ein Trauma ist nicht das, was passiert, sondern das, was in uns zurückbleibt, wenn wir etwas nicht verarbeiten können.

Trauma entsteht, wenn unser Nervensystem dauerhaft überfordert ist, wenn wir keinen Schutz, keine Orientierung oder keine Sicherheit erfahren oder auch wenn wir das Gefühl verlieren, Kontrolle über uns selbst zu haben. Ein Trauma kann durch einen Schock entstehen (z. B. Unfall, Übergriff, Gefühl der Todesangst) oder durch dauerhafte emotionale Belastung (schleichende, dauerhafte Ängste bis zur Todesangst), wie sie in Beziehungen mit Narzissten häufig vorkommt.

Wie traumatisieren narzisstische Menschen?

Ein narzisstischer Mensch kann über Jahre hinweg ein Klima erzeugen, das zutiefst verunsichert und psychisch destabilisiert. Typische Mechanismen sind vorwiegend Gaslighting und die Verdrehung der Realität. Der Betroffene wird dazu gebracht, an sich selbst zu zweifeln, mit den Aussagen: „Das habe ich nie gesagt!“, „Du bildest dir das ein“, „Du bist zu empfindlich.“ Der betroffene Mensch steht immer wieder unter Anspannung, hat Angst, Fehler zu begehen, Angst vor Konsequenzen. Ständige Überforderung, weil die Seele keine Fehler begehen will, führt dauerhaft zu Hypervigilanz.

Langfristig kann das zu Identitätsverlust, innerer Verwirrung und Dissoziation führen

Weiterhin nutzen narzisstische Menschen gern das Wechselspiel aus Idealisierung und Abwertung. Zuerst wird man gelobt, idealisiert, auf ein Podest gehoben. Dann plötzlich ignoriert, kritisiert, entwertet, ohne nachvollziehbaren Grund. Das Nervensystem lebt in ständiger Alarmbereitschaft, wie bei emotionalem Terror. Besonders schlimm ist das für Kinder, denn sie können keine Stabilität entwickeln und erleben Bindung als unsicher.

Selbst emotionale Erpressung und Schuldumkehr bei Traumatisierungen finden statt. Typische Sätze sind: „Nach allem, was ich für dich getan habe …“,

„Du bist so undankbar", „Du bist das Problem", „Du bist doch selbst schuld, dass ich zugeschlagen habe", „Wenn du nicht so laut geworden wärst, wäre das nicht passiert."

Der/die Betroffene beginnt zu glauben, dass er/sie selbst „falsch" oder „schuld" ist, auch wenn der Schmerz real ist. Das untergräbt langfristig das Selbstwertgefühl, fördert ein Trauma der Entwertung und inneren Trennung sowie die Abspaltung der eigenen Gefühle. Wenn der Betroffene nichts mehr fühlt, dann schmerzt die Seele nicht ganz so schlimm.

Am besten findet es der Narzisst, wenn du von allen Menschen, die du bisher gemocht hattest (Familienmitglieder, Freunde, Kollegen), Abstand hältst. Isolation und emotionale Abhängigkeit ist für ihn wichtig. Narzisstische Personen versuchen oft, Kontrolle über ihr Gegenüber zu gewinnen, indem sie Kontakte untergraben („Die sind schlecht für dich") oder auch emotionale Verfügbarkeit dosieren („Nur wenn du funktionierst, bekommst du Nähe"). Opfer werden systematisch abhängig gemacht, sehr ähnlich wie bei emotionalem Missbrauch.

Narzissten nutzen gern ihre Unberechenbarkeit und Angst. So können sie dich besser klein halten. Ein narzisstischer Mensch ist häufig launisch, unklar oder provokant. Man weiß nie, wie und wann er reagiert. Die Stimmung kann plötzlich kippen. Erst voller Freundlichkeit und Liebe und im nächsten Moment kommt ein emotionaler oder auch körperlicher Missbrauch.

Das aktiviert dauerhaft deinen Überlebensmodus im Gehirn: Kampf – Flucht – Erstarrung. Die Stressreaktion von Kampf („Fight"), Flucht („Flight") und Erstarrung („Freeze") wird oft als „Fight-or-Flight-Response" (Kampf-oder-Flucht-Reaktion) bezeichnet, wobei „Freeze" (Erstarren) eine Erweiterung der klassischen Reaktion ist, welche im Weiteren auch als „Fawn" (Anpassung/Unterwerfung) ergänzt wird. Diese sind mittlerweile als die vier klassischen Stressreaktionen (4 Fs) bekannt. Sie beschreiben automatische Überlebensmechanismen des Nervensystems in Gefahrensituationen, die von Kampf und Flucht (aktive Bewältigung) bis zur Starre (Passivität) reichen. Die vierte Stressreaktion ist ganz typisch bei „narzisstischen Opfern", denn gerade Kinder können nur diesen Modus aktivieren, um zu überleben.

Welche Traumafolgen können entstehen?

Menschen, die in engem Kontakt mit Narzissten standen, leiden oft an chronischen Selbstzweifeln („Ich weiß gar nicht mehr, wer ich bin"). Angststörungen oder Panik entwickeln sich und können meist ohne Hilfe nicht mehr gelöst werden. Es entstehen soziale Phobien, Agoraphobien, auch langfristig abhängig machende Persönlichkeitsveränderungen. Kinder erleben oft Bindungsangst oder emotionale Abhängigkeit, auch bis ins Erwachsenenalter. Daraus resultieren nicht selten Depressionen und Erschöpfungssyndrome (emotionaler Burnout).

Es geht sogar so weit, dass komplexe Traumata (K-PTBS), auch ohne sichtbare Gewalttaten, entstehen.

Gibt es einen Weg der Heilung?

Ja, aber er beginnt nicht beim Narzissten, sondern bei dir selbst. Bei deinem Nervensystem, bei deinem inneren Kind, bei deiner Wahrheit. Wichtige Schritte wären: Ich erkenne und benenne, was passiert ist. Den Kontakt zu begrenzen oder zu beenden, wenn es möglich ist. Wenn therapeutische Unterstützung da ist, arbeite an deiner emotionalen Selbstregulation. Das kann man gut (z. B. über Atem, Achtsamkeit, Therapie) lernen. Wichtig ist dabei, ein neues Selbstbild aufzubauen jenseits der alten Manipulation, und sich dabei verbunden zu fühlen mit Menschen, die dich ehrlich sehen.

Narzisstischer Missbrauch ist seelische Gewalt und ja, er kann traumatisieren, auch ohne Schläge, ohne Schreie. Du kannst dich befreien, und du darfst heilen. Denn du bist kein Objekt in einem fremden Drama oder auf einer Bühne, sondern du bist ein Mensch mit einer eigenen Persönlichkeit, Würde, Gefühlen und dem Recht, sicher zu sein.

Material zu Kap. 9

Selbsttest

Wurde ich emotional traumatisiert durch narzisstischen Missbrauch? Beantworte die folgenden Fragen möglichst ehrlich. Dieser Test ersetzt keine Diagnose, kann dir aber helfen, Zusammenhänge zu erkennen und deine Erfahrungen besser einzuordnen.

- Habe ich oft das Gefühl, an mir selbst zu zweifeln, obwohl ich früher klar war?
- Fühle ich mich emotional abhängig von einer Person, obwohl sie mir nicht guttut?
- Erlebe ich ein Wechselspiel aus Nähe und Abwertung, das mich verwirrt oder verletzt?

- Habe ich mich in der Beziehung emotional allein oder machtlos gefühlt?
- Wurde mir wiederholt eingeredet, ich sei ‚zu empfindlich' oder ‚schuld an allem'?
- Habe ich Angst vor der Reaktion dieser Person, wenn ich mich abgrenze oder Nein sage?
- Verliere ich mich selbst, um geliebt, akzeptiert oder in Ruhe gelassen zu werden?
- Wurden meine Bedürfnisse regelmäßig übergangen oder lächerlich gemacht?
- Fühle ich mich erschöpft, leer oder wie betäubt nach Gesprächen mit dieser Person?
- Glaube ich manchmal, dass ich ohne diese Person nicht klarkomme – obwohl ich leide?

Auswertung: Je mehr Fragen du mit Ja beantwortest, desto wahrscheinlicher ist es, dass du emotionalen Missbrauch durch eine narzisstische Person erlebt hast. Das bedeutet nicht, dass du „schuld" bist, sondern dass dein System verletzt wurde. Heilung ist möglich. Hole dir Unterstützung, wo du dich gesehen und verstanden fühlst.

Hinweise

Trauma als Ursprung anerkennen
Erkenne an, dass Narzissmus oft eine Schutzstrategie ist, die aus frühen traumatischen Erfahrungen entstanden ist. Dies fördert Verständnis und Mitgefühl, für dich und andere.

Traumabewältigung und Stabilisierung
Unterstütze dich oder deine Klienten in der sicheren Verarbeitung traumatischer Erlebnisse durch Stabilisierungstechniken wie Achtsamkeit, Atemübungen und Ressourcenarbeit.

Grenzen und Selbstschutz
Hilf dabei, gesunde Grenzen zu setzen und die eigene Integrität zu bewahren, um weitere Verletzungen zu vermeiden. Das stärkt das Selbstbewusstsein und die Autonomie.

Mitgefühl und Selbstmitgefühl fördern
Fördere sowohl das Mitgefühl für die narzisstische Persönlichkeit als auch das eigene Selbstmitgefühl. Dies ist eine wichtige Basis für Heilung und emotionale Entlastung.

Integration von Gefühlen und Bedürfnissen
Ermutige dazu, verdrängte Gefühle und Bedürfnisse wahrzunehmen und auszudrücken, um den inneren Konflikt zu reduzieren.

Therapeutische Begleitung
Bei schweren Traumatisierungen ist eine professionelle Traumatherapie dringend empfohlen, um Sicherheit und nachhaltige Heilung zu gewährleisten.

Übungen

1. **Ressourcen-Anker setzen**
   - Finde einen inneren Ort oder ein Bild, das dir Sicherheit und Geborgenheit gibt.
   - Schließe die Augen, atme tief ein und aus, und stelle dir diesen Ort lebhaft vor.
   - Verankere das Gefühl von Ruhe und Schutz, indem du ein bestimmtes Wort oder eine Geste damit verbindest.
   - Nutze diesen Anker in belastenden Situationen, um dich zu stabilisieren.
2. **Selbstmitgefühls-Brief**
   - Schreibe einen Brief an dein inneres Kind oder dein verletztes Selbst.
   - Drücke darin Verständnis, Liebe und Unterstützung aus, die du damals gebraucht hättest.
   - Lies den Brief regelmäßig, besonders wenn alte Wunden hochkommen.
3. **Emotionale Landkarte erstellen**
   - Zeichne oder schreibe auf, welche Gefühle durch den Umgang mit Narzissten oder durch eigene traumatische Erlebnisse ausgelöst werden.
   - Notiere, wo im Körper du diese Gefühle spürst und welche Gedanken damit verbunden sind.
   - Reflektiere, welche Bedürfnisse hinter diesen Gefühlen stehen.
4. **Grenzen-Übung: „Mein sicherer Raum“**
   - Visualisiere einen Schutzraum um dich herum, der dich vor negativen Einflüssen abschirmt.
   - Definiere klar, was in diesen Raum darf und was nicht.
   - Wiederhole diese Übung regelmäßig, um deine Fähigkeit zu stärken, dich abzugrenzen.

Trauma ist eine unsichtbare Last, die tief in das Seelengewebe eingraviert ist und oft lange Zeit unbemerkt oder unerkannt bleibt. Es manifestiert sich nicht nur in schmerzhaften Erinnerungen, sondern auch in emotionalen Mustern, Verhaltensweisen und unbewussten Überlebensstrategien, die das Leben der Betroffenen maßgeblich prägen. Gerade bei narzisstischen Persönlichkeiten sind diese unsichtbaren Wunden häufig die verborgene Ursache für scheinbar unnachgiebiges, kontrollierendes oder verletzendes Verhalten.

Das Verständnis von Trauma bedeutet, hinter die Fassade zu blicken und die komplexen Zusammenhänge zwischen Verletzung, Schutzmechanismus und Ausdruck zu erkennen. Es verlangt Geduld, Mitgefühl, vor allem für sich selbst, und den Mut, sich den eigenen Schatten zu stellen. Denn erst wenn die Verletzungen benannt, gefühlt und bearbeitet werden, kann Heilung beginnen.

Welche psychischen Störungen können Beziehungen zu narzisstischen Personen bei Partnern verursachen?

Die Beziehung zu einer narzisstischen Person kann für Partner:innen emotional tiefgreifende Spuren hinterlassen, insbesondere, wenn sie über längere Zeiträume stattfindet oder von psychischer Manipulation, Kontrolle oder Abwertung geprägt ist. Nicht selten entwickeln betroffene Personen im Verlauf oder nach dem Ende einer solchen Beziehung psychische Störungen oder Belastungssyndrome, die professioneller Aufmerksamkeit bedürfen.

Mögliche psychische Störungen bei Partner:innen von narzisstischen Personen können posttraumatische Belastungsstörungen (PTBS) sein

Durch wiederholte emotionale oder psychische Gewalt (z. B. Gaslighting, Abwertung, Isolation) finden wir folgende Symptome: Flashbacks, Albträume, Hypervigilanz („ständiges Auf-der-Hut-sein“), emotionale Taubheit, Schlafstörungen, Rückzug, ständiges Wiedererleben von Streits oder Abwertungen besonders nach „emotionaler Zermürbung“ durch verdeckten Narzissmus.

Noch verstärkter und schlimmer ist die komplexe PTBS (K-PTBS), d. h. wiederholte Traumatisierungen von katastrophalen Ausmaßen

Komplexe posttraumatische Belastungsstörung kommt häufiger bei langfristiger, systematischer Traumatisierung durch einen narzisstischen Partner vor. Symptome zusätzlich zu der PTBS sind Gefühle innerer Zerrissenheit, Instabilität, tiefes Scham- oder Schuldgefühl, gestörtes Selbstbild („Ich bin zu empfindlich", „Ich bin das Problem"), Beziehungsangst oder soziale Überanpassung.

Eine Begleiterkrankung ist oft die depressive Störung

Narzisstische Partner entziehen emotionale Sicherheit, entwerten, manipulieren. Die Folgen sind gravierende Gefühle von Hoffnungslosigkeit, Wertlosigkeit, Lebensunlust. Die Symptome zeigen sich in Antriebslosigkeit, Schlafstörungen, Freudlosigkeit, Rückzug, Schuldgefühlen und auch Suizidalität. Besonders häufig bei Personen, die über lange Zeit an der Beziehung festgehalten haben und ihr Selbstwertgefühl davon abhängig machten.

Eine weitere Begleiterkrankung sind Angststörungen/ generalisierte Angst verschiedenster Ausmaße

Durch ständige Unsicherheit, unberechenbares Verhalten und plötzliche Eskalationen können folgende Symptome auftreten: Angst vor Trennung, Konflikten, Alleinsein, ständige Sorgen, Angst vor Bewertungen, Angst vor anderen Menschen, Orten, innere Unsicherheiten, innere Unruhe, übermäßige Sorgen, körperliche Symptome von Schmerzen, Hypervigilanz, Bluthochdruck, Magen-Darm-Beschwerden, Panikattacken, Herz-Kreislauf-Erkrankungen. Bei PTBS/KPTBS: Flashbacks, Intrusionen, Verfolgungsängste (Stalking/Kontrolle).

Viele Partner:innen entwickeln eine Überanpassung, aus Angst vor Wut, Schweigen oder emotionalem Rückzug.

Anpassungsstörungen, die sich nach den ersten unbearbeiteten Belastungssituationen entwickeln können

Anpassungsstörungen sind besonders häufig in den ersten Monaten nach der Trennung mit einem Narzissten. Symptome einer Anpassungsstörung nach

ICD-10 umfassen emotionale Reaktionen wie Angst, depressive Verstimmungen, Grübeln und Traurigkeit, Verhaltensänderungen wie sozialer Rückzug oder Aggressivität sowie körperliche Beschwerden wie Schlafstörungen und Erschöpfung. Auch Konzentrationsschwierigkeiten, Antriebslosigkeit und das Gefühl, alltäglichen Aufgaben nicht gerecht zu werden, sind möglich. Auch Identitätsverlust und soziale Probleme, oft begleitet von Selbstzweifeln (*„Wie konnte ich das zulassen?“*),sowie emotionale Belastungsreaktionen und Instabilität können immer wieder auftreten.

Co-Abhängigkeit

Verluste der Ich-Grenzen sind zwar keine offiziellen Diagnosen, aber häufige Beziehungsmuster. Diese führen bis zur kompletten eigenen Selbstaufgabe, bis hin zur permanenten Rechtfertigung für alles und jede Situation. Menschen in dieser Abhängigkeit richten ihre Fixierung auf den narzisstischen Partner, leben dessen Gefühle und sehen sich selbst verantwortlich für dessen Emotionen.

Co-Abhängige glauben oft: *„Wenn ich mich nur genug anstrenge, wird er sich ändern.“*

Dissoziative Symptome/Derealisation sind Traumafolgen, entweder als Begleiterkrankung oder als eigenständige Diagnose

Bei schwerem Gaslighting oder psychischer Manipulation erleben Betroffene die Realität als unwirklich oder fühlen sich innerlich „abgetrennt“, abgeschnitten. Das kann sich auch körperlich, an verschieden Körperteilen äußern. Betroffene können sogar ihre eigene Identität verlieren, auch in Raum, Ort und Zeit. Es kann wahnhaftes Erleben auftreten, wobei die Psyche diesen Schutzmechanismus bei dauerhafter emotionaler Überforderung als Strategie des „Überlebens“ nutzt.

Auch hier, bei diesem besonderen Phänomen des narzisstischen Missbrauchs, ist zwar die Handlung (noch) keine eigene Diagnose, der Begriff umfasst jedoch den emotionalen Missbrauch durch narzisstische Partner und deren langfristige Folgen auf Bindungsfähigkeit, Selbstbild und Lebensqualität.

In vielen Fällen liegt eine Kombination aus K-PTBS, Depression und Co-Abhängigkeit vor.

Eine Beziehung mit einer narzisstischen Person kann langfristige seelische und körperliche Wunden hinterlassen, besonders, wenn sie mit Abhängigkeit, Verlust des Selbstwerts oder emotionaler und körperlicher Gewalt einhergeht.

Die häufigsten Folgen sind K-PTBS, Depression, Angststörungen, Dissoziation, Co-Abhängigkeit, Traumafolgestörungen, Dissoziationen, sogar Suchterkrankungen.

Was hilft Betroffenen?

Helfen kann therapeutische Begleitung, idealerweise mit Schwerpunkt Trauma oder narzisstischer Missbrauch, sowie Stärkung des Selbstwerts und Wiederherstellung der eigenen Grenzen. Auch Traumapädagogik oder traumasensible Beratung, Traumatherapie, Selbsthilfegruppen oder Online-Communities für Betroffene können hilfreich sein.

Diese Reise der Heilung ist kein einfacher Weg, doch sie ist der Schlüssel, um destruktive Kreisläufe zu durchbrechen und neue Formen des Miteinanders zu ermöglichen, sei es in Beziehungen, in der Familie oder in der therapeutischen Arbeit. Trauma macht nicht hilflos, sondern bietet die Chance, Stärke aus der Verletzlichkeit zu entwickeln und neue Selbstbestimmung zu erlangen.

Wenn du dich auf diesen Prozess einlässt, öffnest du den Raum für echtes Wachstum und tiefgreifende Veränderung für dich selbst und für alle, die mit Narzissmus in Berührung kommen. Im nächsten Kapitel werden wir den Fokus erweitern und uns damit beschäftigen, wie du mit eigener Selbsthilfe in verschiedenen Lebensräumen agieren kannst und welche Dynamiken sich daraus ergeben, selbstbestimmt zu handeln. Der erste Schritt kann sein, über dieses Buch schon den Weg zum eigenen Selbst zu finden.

10

Selbsthilfe: Was du allein tun kannst

Der Weg aus narzisstischen Verstrickungen ist oft lang und schmerzhaft, aber auch heilend und klärend. Viele Betroffene fühlen sich zu Beginn überfordert, allein gelassen oder emotional erschöpft. Und doch liegt gerade in dieser Phase eine große Kraft: die Kraft der Selbsthilfe. Sie ist kein Ersatz für professionelle Unterstützung, aber ein kraftvoller erster Schritt auf dem Weg zurück zu dir selbst.

Selbsthilfe bedeutet, wieder in die eigene Verantwortung zu finden, nicht für das, was dir angetan wurde, sondern für deinen Weg, deine Gefühle und dein zukünftiges Leben. Du musst diesen Weg nicht perfekt gehen. Es genügt, dass du ihn Schritt für Schritt gehst, in deinem Tempo.

Dieses Kapitel widmet sich den Möglichkeiten, wie du selbstwirksam, achtsam und liebevoll mit dir umgehen kannst. Es geht um praktische, emotionale und mentale Strategien, mit denen du dich stabilisieren, stärken und neu ausrichten kannst, ganz unabhängig davon, wo du gerade stehst.

Wie kann ich mir selbst helfen? Dein Weg zu Selbstachtung und innerer Stärke

Der Weg aus toxischen Beziehungen und narzisstischen Mustern beginnt bei dir selbst. Dieses Kapitel gibt dir konkrete Werkzeuge, um dich zu schützen, zu heilen und deinen Wert wiederzufinden.

A. Lange-Weihs, *Ich sehe dich nicht*, https://doi.org/10.1007/978-3-662-73755-2_10

1. **Selbstreflexion und Bewusstsein**
   - Erkenne deine eigenen Muster und Anteile
   - Schreibe deine Gefühle und Erfahrungen auf
   - Nutze Einschätzungstests, um deine Situation besser zu verstehen
2. **Grenzen setzen und wahren**
   - Lerne, Nein zu sagen ohne Schuldgefühle
   - Kommuniziere deine Bedürfnisse klar und bestimmt
   - Schütze dich vor Manipulation und emotionalem Missbrauch
3. **Emotionale Selbstfürsorge**
   - Entwickle Achtsamkeit und Meditationen zur Beruhigung
   - Pflege positive soziale Kontakte und unterstützende Beziehungen
   - Vermeide Selbstvorwürfe und Schuldgefühle
4. **Professionelle Unterstützung suchen**
   - Psychotherapie und Beratung können heilsam sein
   - Selbsthilfegruppen bieten Austausch und Verständnis
   - Informiere dich über passende Therapieformen bei Narzissmus
5. **Entwicklung neuer Glaubenssätze**
   - Ersetze negative Selbstbilder durch positive Affirmationen
   - Arbeite an deinem Selbstwertgefühl und Selbstvertrauen
   - Feiere kleine Erfolge und deine Fortschritte
6. **Praxisübungen**
   - Achtsamkeitsübungen und Atemtechniken
   - Visualisierungen zur Stärkung des inneren Schutzes
   - Journaling zur emotionalen Klärung

Dein Heilungsweg ist einzigartig. Sei geduldig und liebevoll mit dir selbst.

Strategien zur Selbsthilfe

1. Selbstbeobachtung ohne Selbstverurteilung

Beginne, deine Gedanken, Gefühle und Reaktionen bewusst wahrzunehmen – ohne sie sofort zu bewerten. Schreibe sie z. B. in ein Tagebuch. So entwickelst du ein feineres Gespür für deine inneren Bewegungen und kannst wieder Vertrauen in dich selbst aufbauen.

2. Gefühle zulassen und nicht unterdrücken

Angst, Wut, Trauer, Enttäuschung: Diese Gefühle dürfen da sein. Sie zeigen dir, dass du lebendig bist und dich selbst spürst. Finde gesunde Ausdrucksformen: Schreibe einen Brief (den du nicht abschicken musst), male, bewege dich, weine, atme.

3. Stabilisierende Routinen entwickeln

Struktur gibt Halt. Achte auf regelmäßige Mahlzeiten, Schlaf, Bewegung und Erholungszeiten. Auch kleine Rituale wie z. B. ein Tee am Abend, ein achtsamer Morgenspaziergang oder eine stille Minute geben deinem Nervensystem Sicherheit.

4. Gedankliche Trennung vom Narzissten üben

Übe dich darin, dich innerlich abzugrenzen. Wiederhole stärkende Sätze wie:
„Ich bin nicht mehr Teil dieses Spiels."
„Ich darf mich schützen."
„Ich bin nicht verantwortlich für sein/ihr Verhalten."
Schreibe dir einen „inneren Trennungssatz" auf und lies ihn täglich.

5. Deine Kraftquellen aktivieren

Erinnere dich an Situationen, in denen du dich stark, frei oder mutig gefühlt hast. Sammle Fotos, Symbole, Zitate oder Musikstücke, die dich daran erinnern. Baue dir ein „Kraftort"-Buch oder eine Box, dein persönlicher Schatz für Licht in dunklen Zeiten.

6. Gesunde Kontakte pflegen

Auch wenn du dich zurückziehen möchtest: Halte Verbindung zu Menschen, die dir guttun. Suche dir Verbündete, sei es im Freundeskreis, in Selbsthilfegruppen oder online. Du musst diesen Weg nicht allein gehen.

7. Information schützt vor Manipulation

Je mehr du über Narzissmus und emotionale Gewalt weißt, desto klarer kannst du dich abgrenzen. Wissen bringt Macht, die gesunde Macht, für dich selbst einzustehen.

Diese Selbsthilfestrategien können dir Halt und Orientierung geben, besonders in Momenten, in denen alles ins Wanken gerät. Und auch wenn es kleine Schritte sind: Sie haben eine große Wirkung. Du beginnst, dich selbst zurückzuerobern.

Material zu Kap. 10

Arbeitsblatt 1: Mein Selbsthilfe-Kompass

Ziel: Entwickle deinen persönlichen inneren Wegweiser für schwierige Situationen.

Teil 1 Frühwarnzeichen erkennen
Was signalisiert mir, dass ich mich wieder in einem alten Muster verliere oder innerlich destabilisiere?

- ☐ Ich fühle mich plötzlich klein oder wertlos.
- ☐ Ich beginne, mich ständig zu rechtfertigen.
- ☐ Ich spüre Angst oder Schuld, ohne klaren Grund.
- ☐ Ich denke häufiger an die narzisstische Person.
- ☐ Ich verliere Energie oder Konzentration.

Weitere individuelle Anzeichen (bitte ergänzen):

- ....
- ....

Teil 2 Mein Selbsthilfe-Anker
Was kann ich in solchen Momenten konkret tun, um mich zu stabilisieren?

Was tut mir gut?	Wie wende ich es an?	Wann nutze ich es?
Atmen	4-7-8 Atemtechnik	Sofort bei Unruhe
Bewegung	10 min spazieren	Bei innerem Druck
Schreiben	Emotionales Tagebuch	Bei Gedankenkreisen
....	....	....

Teil 3 Mein Satz der Selbstverankerung

Stärkender Satz

Formuliere einen stärkenden Satz, der dich an deine Kraft erinnert:

„Ich ....“

Beispiele: „Ich bin mehr als die Meinung anderer,“

- „Ich darf mich schützen und neu beginnen.“

Arbeitsblatt 2: Der Notfall-Fahrplan für emotionale Rückfälle

Ziel: Umgang mit akuten emotionalen Krisen oder Triggern.

1. **Meine inneren Warnlampen:**
   Wie fühlt sich ein innerer Rückfall an?
   - Körperlich: ....
   - Emotional: ....
   - Gedanken: ....
2. **Was ich dann NICHT tun werde:**
   - Mich bei der narzisstischen Person melden
   - Mich für meine Gefühle verurteilen
   - Mich isolieren oder betäuben
3. **Was ich stattdessen TUN kann:**
   - Einen sicheren Ort aufsuchen
   - Einem Freund schreiben
   - Mein Kraftsymbol in die Hand nehmen
   - Meinen Anker-Satz laut sagen
   - Eine beruhigende Handlung durchführen: ....
4. **Mein persönlicher Erste-Hilfe-Koffer:**
   (Dinge, die mich stabilisieren – materiell und emotional)
   - Musik: ....
   - Duft/Öl: ....
   - Erinnerungsfoto: ....
   - Symbol: ....
   - Affirmation: ....

Checkliste: Was du im Umgang mit Narzissten vermeiden solltest

- Vermeide den Versuch, den Narzissten zu verändern oder zu heilen.
- Lass dich nicht auf lange Diskussionen oder Rechtfertigungen ein.
- Falle nicht auf das Wechselspiel von Lob und Abwertung herein.
- Vernachlässige nicht deine eigenen Grenzen, auch nicht für den Frieden.
- Hoffe nicht auf echte Reue oder Mitleid, beobachte stattdessen das Verhalten. Zweifle nicht an deiner eigenen Wahrnehmung, vertraue deinem Gefühl.
- Halte keinen Kontakt um jeden Preis, du darfst dich schützen

Hilfe von außen und Therapeuten: Begleitung auf deinem Weg

Manchmal braucht es professionelle Unterstützung, um aus narzisstischen Beziehungen und Mustern herauszufinden. Dieser Abschnitt zeigt dir, wie du die richtige Hilfe findest und wie sie dich stärken kann.

Wann ist professionelle Hilfe sinnvoll?

- Du fühlst dich überfordert, ängstlich oder hilflos.
- Du bist emotional oder körperlich erschöpft.
- Alte Verletzungen und Traumata werden spürbar.
- Du möchtest deine Selbstwahrnehmung und Grenzen stärken.

Arten von Unterstützung

- **Psychotherapie:** Fachlich begleitete Bearbeitung von Narzissmus- und Trauma-Themen
- **Coaching:** Praxisnahe Begleitung für Selbststärkung und neue Lebensziele
- **Selbsthilfegruppen:** Austausch mit Menschen in ähnlichen Situationen
- **Beratungsstellen:** Niedrigschwellige Hilfe und Information

Wie findest du den richtigen Therapeuten?

- Achte auf Erfahrung mit Narzissmus und Trauma
- Die Chemie und das Vertrauen müssen stimmen
- Erkundige dich nach Methoden und Herangehensweisen
- Nutze kostenlose Erstgespräche zum Kennenlernen

Was erwartet dich in der Therapie?

- Sichere Räume für deine Gefühle und Geschichten
- Arbeit an deinem Selbstwert und Grenzen
- Praktische Übungen zur Selbstfürsorge
- Begleitung mit ehrlicher Unterstützung

Dein aktiver Beitrag

- Offenheit und Bereitschaft zur Veränderung
- Geduld mit dir selbst und dem Prozess
- Verantwortung für deine Heilung übernehmen

Mit der richtigen Hilfe kannst du dich von narzisstischen Mustern lösen und neue Lebensqualität gewinnen.

Abschluss und Danksagung

Dieses Buch ist mehr als eine Sammlung von Informationen und therapeutischen Werkzeugen. Es ist ein Wegweiser, entstanden aus meinen eigenen inneren Erfahrungen, meinen Weg durch Reflexion, Gespräche mit toxischen Menschen und Klienten aus meiner Praxis und letztlich auch durch weitere Fortbildungen im Sprachkontext.

Ich habe dieses Buch geschrieben, weil ich selbst erlebt habe, wie tief narzisstische Verstrickungen im zwischenmenschlichen Bereich schneiden können. Wie sie das Selbstbild von Klienten zerstörten, das Vertrauen raubten und Beziehungen vergifteten.

Aber ich habe auch erfahren, dass aus diesen Wunden Kraft wachsen kann. Dass es möglich ist, sich zu befreien und dass der Weg aus der Dunkelheit zu sich selbst zurückführt.

Ich möchte mit diesem Buch all jene Menschen begleiten, die sich oft ganz allein fühlen oder gefühlt haben, in toxischen Beziehungen, in der Kindheit mit narzisstischen Eltern, im beruflichen Umfeld oder in der Partnerschaft. Ich wünsche mir für dich, dass dieses Buch ein Anker sein kann, ein Spiegel, eine Stütze und vielleicht ein erster Schritt in deine neue Freiheit.

Mein Dank

Ich danke jeder Person, die mich auf meinem Weg begleitet hat. Ich danke den Menschen für ihre Erfahrungen, die sie mit mir teilten, sodass wir gemeinsam an ihnen gewachsen sind. Ich danke jedem Narzissten in meinem

A. Lange-Weihs, *Ich sehe dich nicht*, https://doi.org/10.1007/978-3-662-73755-2

Leben für die Lektionen, die mich lehrten, so zu sein und zu bleiben, wie ich bin. Ohne euch wäre ich nicht, wer ich heute bin.

Ich danke für die großartige Unterstützung meiner Fachkollegen und deren Geleitworte in meinem Buch.

Und ich danke dir, liebe Leserin, lieber Leser, für deinen Mut, für dein Vertrauen, für dein offenes Herz und für deinen Weg. Denn du sollst wissen: Du bist nicht allein.

Möge dieses Buch ein erstes Licht sein auf deinem Weg und zurück zu dir selbst.

Deine Andrea Lange-Weihs

„Ich habe gelernt, mich nicht an das Licht der anderen zu klammern, sondern mein eigenes zum Leuchten zu bringen, still, klar und unbeirrbar."
Andrea Lange-Weihs

www.ingramcontent.com/pod-product-compliance
Lightning Source LLC
Chambersburg PA
CBHW070726280726
48882CB00027B/594

* 9 7 8 3 6 6 2 7 3 7 5 4 5 *

www.ingramcontent.com/pod-product-compliance
Lightning Source LLC
Chambersburg PA
CBHW070726280726
48882CB00027B/594
* 9 7 8 3 6 6 2 7 3 7 5 4 5 *